Kagekunst

Skab Magi med Hver Bid

Louise Hansen

Introduktion

frosting 12

Kaffe glasur 12

Citronglasur 13

Orange neglelak 13

Rom glasur 14

Vanilje frosting 14

Bag chokoladeisen 15

Chokolade kokos fyld 15

Fondant fyld 16

Sødostfyld 16

Amerikansk fløjlsneglelak 16

Frys smørret 17

Karamel glasur 18

Citronglasur 18

Kaffe Smør Is 19

Fru 20

Hvid neglelak 21

Cremet hvid neglelak 21

Hvid creme 21

Flormelis brun farin 23

Nyd med vaniljesmør 24

vaniljecreme 25

Cremet fyld 26

Dansk Skorpefyldning 27

Dansk Skorpefyldning 28

cremet creme 29

Alt med ingefærcreme 30

Citronfyld 31

Chokoladebetræk 32

Frugt glasur 33

Appelsinkage med frugttopping 33

Mandelmarengsplads 34

En engel falder 35

Mandelflager 36

Bakewell tærter 37

Chokoladekage med sommerfugle 39

Kokoskager 39

Søde småkager 41

Kaffe Cookies 42

Eccles kager 43

Fairy desserter 44

prinsessekager 45

Genovas fantasier 46

Pasta med mandler 47

kokosnudler 48

Pasta med citron 49

Havre 50

Madeleine 51

Marcipan kage 52

muffin 53

Æble muffin 54

bananfritter 55

Stikkelsbærmuffins 56

Amerikanske blåbærmuffins 57

Madeleine med kirsebær 58

chokoladekager 59

chokoladekager 60

kanel muffin 61

Majsmelsmuffins 62

Fuldkornsmuffins med figner 63

Muffins med frugt og klid 64

Havre muffins 65

Muffins og frugt med havre 66

Orange muffins 67

Ferskenmuffin 68

Jordnøddesmør muffins 69

Ananas muffins 70

Hindbær muffins 71

Hindbær og citron muffin 72

rosin muffins 73

Muffins med melasse 74

Muffins med melasse og havre 75

Havre Toast 76

Jordbærsvamp 77

Pebermyntekager 77

Desserter med rosiner 79

krøllede rosiner 80

Brune ris og solsikkekager 81

stenkager 82

Sukkerfri stenkager 83

Slik med safran 84

Far med rom 85

Spanien 87

Chokolade svampekage 88

Sommer snebolde 88

Svampedråber 90

Grundlæggende marengs 91

Mandel marengs 92

Spanske mandelmarengs cookies 93

Søde marengskurve 94

Mandelflager 95

Spansk marengs med mandler og citron 96

Chokoladedækket marengs 97

Chokolade og mynte marengs 98

Marengs med chokolade og nødder 99

Jordnøddemarengs 100

Valnødde og marengskage 101

Huriz Maretto skiver 103

Smør et lag med marengs og nødder 104

Marengsbakker 106

Hindbærmarengscreme 107

Ratáfia slik 108

Vacherin karamel 109

Simple kager 110

Æggerige sko 111

æblekager 112

Æble og kokos kager 113

Æbler og dadler 114

Byg scener 115

Jordbær kokos kage 116

Brunt sukker og bananbarer 117

Solsikke nøddebarer 118

cafepladser 119

Karamelbakke 120

Abrikos cheesecake 121

Avocado cheesecake 123

Banankage 123

Nem caribisk ostekage 125

Kirsebær med kirsebær 126

Kokos og abrikos cheesecake 127

Blåbær cheesecake 128

ingefær cheesecake 129

Ingefær og citron cheesecake 130

Cheesecake med hasselnødder og honning 131

Ostekage med vindruer og ingefær 132

Let lemon curd 134

Cheesecake med citron og granola 136

Ostekage med ost 137

Cheesecake med citron og valnødder 138

Citron cheesecake 140

São Clemente Cheesecake 141

påske 141

Simpel cheesecake med ananas 143

Ananas cheesecake 144

rosin cheesecake 145

Hindbær cheesecake 146

Siciliansk cheesecake 147

yoghurt med ostetopping 148

Jordbær cheesecake 150

Cheesecake og Sultan Raki 151

Bagt ostekage 152

Bagt ost 153

Amerikansk cheesecake 154

Hollandsk cheesecake bagt med æbler 155

Ostekage med abrikoser og ristede hasselnødder 157

Bagt abrikos og appelsin cheesecake 158

cheesecake med ricotta og abrikoser 160

Boston Cheesecake 161

Bagt caribisk ostekage 162

Bagt chokolade cheesecake 164

Chokolade cheesecake med valnødder 165

Tysk ostekage 166

Irish Cream Liqueur Cheesecake 168

Amerikansk citron- og valnøddecheesecake 170

Orange cheesecake 171

Ricotta cheesecake 172

Bagt ost og ostedej med creme fraiche 174

Let cheesecake med sultanas 176

Letbagt vanilje cheesecake 177

Ostekage bagt med hvid chokolade 178

Cheesecake med hvid chokolade og hasselnødder 179

Hvid chokolade ostevaffel 181

DANIER 181

Pasta med olivenolie 183

Rig cupcake 184

Amerikansk kiks 185

pasta med ost 186

choux kage 187

Kage med smør 188

Rulning 189

Tæt frugt 190

Sukkerpaté 191

Choux flødekugler 192

Mandarin blomst 193

Chokolade eclairs 194

Butterkager med fløde 195

Småkager med mandler og ferskner 196

Små cider 197

Cremede desserter 198

Feuilleté 199

Småkager fyldt med ricotta 200

Jordnøddepust 201

dansk wienerbrød 202

Dansk kringle 203

Dansk Konditorfletning 205

Mandelkage 206

Kagebund med svampe 207

Mandelkage 208

Århundredeskage med æbler og appelsiner 209

Tysk æbletærte 210

Æblekage med honning 211

Æble- og hakket kødkage 213

Tærte med æbler og sultanas 214

Abrikos- og kokosmarengskage 215

Bakewell kage 216

frosting

Nok til at dække en 20 cm diameter kage

100 g/2/3 kop strøsukker, sigtet

25-30 ml/1½-2 spsk vand

et par dråber madfarve (valgfrit)

Hæld sukkeret i en skål og tilsæt lidt vand, indtil du får en glat belægning. Farv med et par dråber madfarve, hvis det ønskes. Glasuren bliver uigennemsigtig, når den smøres på kolde kager eller uigennemsigtig, når den smøres på varme kager.

Kaffe glasur

Nok til at dække en 20 cm diameter kage

100 g/2/3 kop strøsukker, sigtet

25-30 ml/1½-2 teskefulde meget stærk sort kaffe

Hæld sukkeret i en skål og tilsæt kaffen lidt efter lidt, indtil du får en glat topping.

Citronglasur

Nok til at dække en 20 cm diameter kage

100 g/2/3 kop strøsukker, sigtet

25-30 ml/1½-2 spsk citronsaft

Finrevet skal af 1 citron

Hæld sukkeret i en skål og tilsæt citronsaft og fløde, indtil du får en glat topping.

Orange neglelak

Nok til at dække en 20 cm diameter kage

100 g/2/3 kop strøsukker, sigtet

25-30 ml/1½-2 spsk appelsinjuice

Finrevet skal af 1 appelsin

Kom sukkeret i en skål og tilsæt gradvist appelsinsaft og -skal, indtil du får en glat belægning.

Rom glasur

Nok til at dække en 20 cm diameter kage

100 g/2/3 kop strøsukker, sigtet

25-30 ml / 1½-2 spsk rom

Kom sukkeret i en skål og tilsæt gradvist rommen, indtil du får en glat topping.

Vanilje frosting

Nok til at dække en 20 cm diameter kage

100 g/2/3 kop strøsukker, sigtet

25 ml/1 ½ spsk vand

et par dråber vaniljeessens (ekstrakt)

Hæld sukkeret i en skål og tilsæt gradvist vand og vaniljeessens, indtil du får en glat glasur.

Bag chokoladeisen

Lav nok til at dække 23 cm/9

275 g flormelis (meget fint)

100 g/4 oz/1 bar mørk chokolade (halvsød)

50 g/2 oz/¼ kop kakaopulver (usødet chokolade).

120 ml/4 ml oz/½ kop vand

Bring alle ingredienser i kog, under omrøring, indtil de er godt blandet. Bag ved middel varme ved 108°C/220°F eller indtil den danner en lang snor, når den trækkes med to skeer. Hæld i en stor skål og pisk til det er tykt og blankt.

Chokolade kokos fyld

Lav nok til at dække 23 cm/9

175 g/1½ kopper mørk chokolade (halvsød)

90 ml/6 spsk kogende vand

225 g/8 oz/2 kopper revet kokosnød (revet)

Bland chokoladen og vandet i en blender eller foodprocessor, tilsæt derefter kokos og blend, indtil det er glat. Hæld over simple kager, mens de stadig er varme.

Fondant fyld

Lav nok til at dække 23 cm/9

50 g smør eller margarine

45 ml/3 spsk kakao (usødet chokolade).

60 ml/4 spsk mælk

425 g / 15 oz / 2 ½ kopper pulveriseret sukker (konfekture), sigtet

5 ml/1 tsk vaniljeessens (ekstrakt)

Smelt smør eller margarine i en gryde og tilsæt kakao og mælk. Bring i kog under konstant omrøring og tag af varmen. Bland gradvist sukker og vaniljeessens i og pisk til en jævn masse.

Sødostfyld

Nok til at dække en 30 cm/12 tommer kage

100 g flødeost

25 g/1 oz/2 spsk blødgjort smør eller margarine

350 g/12 oz/2 kopper granuleret sukker, sigtet

5 ml/1 tsk vaniljeessens (ekstrakt)

30 ml/2 spsk ren honning (valgfrit)

Pisk flødeosten med smør eller margarine, indtil den er let og luftig. Pisk sukker og vaniljeessens lidt efter lidt, til det er glat. Sød eventuelt med lidt honning.

Amerikansk fløjlsneglelak

Lav nok til at dække to 23 cm/9 stykker.

175 g/1½ kopper mørk chokolade (halvsød)

120 ml / 4 ml oz / ½ kop tung fløde

5 ml/1 tsk vaniljeessens (ekstrakt)

En smule salt

400 g/14 oz/21/3 kopper pulveriseret sukker (konfekture), sigtet

Smelt chokoladen i en varmefast skål over en gryde med kogende vand. Tag af varmen og bland fløde, vaniljeessens og salt, bland gradvist sukkeret i, indtil du får en homogen dej.

Frys smørret

Lav nok til at dække 23 cm/9

50 g blødgjort smør eller margarine

250 g / 1½ kopper sigtet flormelis

5 ml/1 tsk vaniljeessens (ekstrakt)

30 ml / 2 spsk fløde (let)

Pisk smør eller margarine, indtil det er blødt, og tilsæt lidt efter lidt sukker, vaniljeessens og fløde, indtil du får en jævn og cremet blanding.

Karamel glasur

Lav nok til at fylde og beklæd en 23 cm/9 firkantet kageform

100 g/4 oz/½ kop smør eller margarine

225 g/8 oz/1 kop blødt brun farin

60 ml/4 spsk mælk

350 g/12 oz/2 kopper granuleret sukker, sigtet

Smelt smør, margarine og sukker ved lav varme under konstant omrøring, indtil det er godt blandet. Tilsæt mælken og bring det i kog. Fjern fra varmen og lad afkøle. Bland pulveriseret sukker i, indtil det når en belagt konsistens.

Citronglasur

Lav nok til at dække 23 cm/9

25 g/1 oz/2 spsk smør eller margarine

5 ml/1 spsk revet citronskal

30 ml/2 spsk citronsaft

250 g / 1½ kopper sigtet flormelis

Pisk smør, margarine og citronskal til det er let og luftigt. Tilsæt gradvist citronsaft og sukker, indtil du opnår en homogen blanding.

Kaffe Smør Is

Lav nok til at fylde og beklæd en 23 cm/9 firkantet kageform

1 æggehvide

75 g/3 oz/1/3 kop blødgjort smør eller margarine

30 ml/2 spsk varm mælk

5 ml/1 tsk vaniljeessens (ekstrakt)

15 ml/1 tsk instant kaffebønner

En smule salt

350 g/12 oz/2 kopper flormelis (flormelis), sigtet

Pisk æggehvider, smør eller margarine, varm mælk, vaniljeessens, kaffe og salt. Bland sukkeret lidt efter lidt til det er glat.

Fru.

Lav nok til at fylde og beklæd en 23 cm/9 firkantet kageform

50 g / 2 oz / 1/3 kop hakkede rosiner

50 g/2 oz/¼ kop kirsebær (kandiserede), hakket

50 g hakkede valnødder

25 g hakkede tørrede figner

2 æggehvider

350 g/12 oz/1½ kopper strøsukker (meget fint)

En skefuld creme af tatar

75 ml/5 spsk koldt vand

En smule salt

5 ml/1 tsk vaniljeessens (ekstrakt)

Bland rosiner, kirsebær, valnødder og figner. Pisk æggehvider, sukker, tartrat, vand og salt i en varmefast skål, indtil der dannes stive toppe i en gryde ved middel varme, cirka 5 minutter. Tag af varmen og tilsæt vaniljeessens, bland frugten med en tredjedel af cremen og fyld kagen, fordel derefter resten over toppen og siderne af kagen.

Hvid neglelak

Lav nok til at dække 23 cm/9

225 g/8 oz/1 kop pulveriseret sukker

1 æggehvide

30 ml/2 spsk vand

15 ml/1 spsk gylden sirup (lys majs)

Pisk sukker, æggehvider og vand i en skål placeret over en gryde. Fortsæt med at piske i 10 minutter, indtil blandingen tykner og danner stive toppe. Fjern fra varmen og tilsæt siruppen. Fortsæt med at blande, indtil du får en smørbar konsistens.

Cremet hvid neglelak

Lav nok til at fylde og beklæd en 23 cm/9 firkantet kageform

75 ml / 5 spsk fløde (let)

5 ml/1 tsk vaniljeessens (ekstrakt)

75 g / 3 oz / 1/3 kop flødeost

10 ml/2 spsk blødgjort smør eller margarine

En smule salt

350 g/12 oz/2 kopper granuleret sukker, sigtet

Bland fløde, vaniljeessens, flødeost, smør, margarine og salt til det er glat. Pisk flormelis gradvist i, indtil det er glat.

Hvid creme

Lav nok til at fylde og beklæd en 23 cm/9 firkantet kageform

2 æggehvider

350 g/12 oz/1½ kopper strøsukker (meget fint)

En skefuld creme af tatar

75 ml/5 spsk koldt vand

En smule salt

5 ml/1 tsk vaniljeessens (ekstrakt)

Pisk æggehvider, sukker, fløde tatar, vand og salt i en varmefast skål ved middel varme i 5 minutter, indtil der dannes stive toppe. Tag af varmen og bland vaniljeessensen i, fordel det over kagen og resten på toppen og siderne af kagen.

Flormelis brun farin

Lav nok til at dække 23 cm/9

225 g/8 oz/1 kop blødt brun farin

1 æggehvide

30 ml/2 spsk vand

5 ml/1 tsk vaniljeessens (ekstrakt)

Pisk sukker, æggehvider og vand i en skål placeret over en gryde. Fortsæt med at piske i 10 minutter, indtil blandingen tykner og danner stive toppe. Fjern fra varmen og tilsæt vaniljeessens. Fortsæt med at blande, indtil du får en smørbar konsistens.

Nyd med vaniljesmør

Lav nok til at fylde og beklæd en 23 cm/9 firkantet kageform

1 æggehvide

75 g/3 oz/1/3 kop blødgjort smør eller margarine

30 ml/2 spsk varm mælk

5 ml/1 tsk vaniljeessens (ekstrakt)

En smule salt

350 g/12 oz/2 kopper flormelis (flormelis), sigtet

Pisk æggehvider, smør eller margarine, varm mælk, vaniljeessens og salt. Bland sukkeret lidt efter lidt til det er glat.

vaniljecreme

Giver 600 ml / 1 pt / 2½ kopper

100 g/4 oz/½ kop strøsukker (meget fint)

50 g/2 oz/¼ kop majsstivelse (majsstivelse)

4 æggeblommer

600 ml / 1 pt / 2½ kopper mælk

1 vaniljestang (butik)

Flormelis (sød), drænet, tørret

Pisk halvdelen af sukkeret med majsstivelse og æggeblomme til det er glat. Kog det resterende sukker og mælk op med fløden. Hæld sukkerblandingen i den varme mælk, bring i kog, under konstant omrøring, og kog i 3 minutter, indtil den er tyk. Kom i en skål, drys med flormelis for at forhindre, at der dannes skind, og lad det køle af. Bland igen før brug.

Cremet fyld

Lav nok til at fylde 23 cm/9

325 ml/11 ml oz/1 1/3 kopper mælk

45 ml/3 spsk majsstivelse (majsmel)

60 g/1/3 kop strøsukker (meget fint)

1 æg

15 ml/1 spsk smør eller margarine

5 ml/1 tsk vaniljeessens (ekstrakt)

Bland 30ml/2 spsk mælk med majsmel, sukker og æg. Varm den resterende mælk op i en lille gryde, lige under kogepunktet. Hæld gradvist den varme mælk i æggeblandingen. Rens gryden, kom blandingen tilbage i gryden og rør ved svag varme, indtil den tykner. Tilsæt smør, margarine og vaniljeessens. Dæk med smurt bagepapir (vokset) og lad afkøle.

Dansk Skorpefyldning

750 ml/1¼ pt/til 3 kopper

2 æg

50 g flormelis (meget fint)

50 g/2 oz/½ kop mel (all-purpose)

600 ml / 1 pt / 2½ kopper mælk

vaniljestang

Pisk æg og sukker til det er tykt. Tilsæt melet lidt efter lidt. Bring mælk og vanilje i kog. Fjern vaniljestangen og bland mælken med æggeblandingen. Vend tilbage til gryden og kog under konstant omrøring i 2-3 minutter. Lad det køle af inden brug.

Dansk Skorpefyldning

750 ml/1¼ pt/til 3 kopper

4 æggeblommer

30 ml/2 spsk pulveriseret sukker

25 ml/1½ spsk mel (all-purpose)

10 ml/2 spsk kartoffelstivelse

450 ml/¾ pt/2 kopper enkeltdosis creme (let)

et par dråber vaniljeessens (ekstrakt)

150 ml/¼ pt/2/3 kop tung fløde (tung), pisket

Bland æggeblommer, sukker, mel og fløde i en gryde. Rør ved middel varme, indtil blandingen begynder at tykne. Tilsæt vaniljeessensen og lad den køle af. Tilsæt fløden.

cremet creme

300 ml/½ pt/1¼ pr. kop

2 æg, adskilt

45 ml/3 spsk majsstivelse (majsmel)

300 ml/½ pt/1¼ kop mælk

et par dråber vaniljeessens (ekstrakt)

50 g flormelis (meget fint)

Pisk æggeblommer, majsstivelse og mælk i en gryde, indtil det er godt blandet. Bring i kog ved middel varme og kog under konstant omrøring i 2 minutter. Tilsæt vaniljeessensen og lad den køle af.

Pisk æggehviderne stive, tilsæt halvdelen af sukkeret og pisk igen til de er stive. Tilsæt resten af sukkeret. Hæld flødeblandingen i og opbevar i køleskabet indtil den skal bruges.

Alt med ingefærcreme

Lav nok til at fylde 23 cm/9

100 g/4 oz/½ kop blødgjort smør eller margarine

450g/1lb/22/3 kopper pulveriseret sukker (glasur), sigtet

5 ml/1 tsk ingefærpulver

30 ml / 2 spsk mælk

75 g/3 oz/¼ kop sirup (melasse)

Pisk smør eller margarine med sukker og ingefær til det er let og cremet. Bland gradvist mælk og melasse i, indtil det er glat og smørbart. Er fyldet for tyndt tilsættes lidt sukker.

Citronfyld

250 ml/8 fl oz/1 kop pr. portion

100 g/4 oz/½ kop strøsukker (meget fint)

30 ml/2 spsk majsstivelse (majsstivelse)

60 ml/4 spsk citronsaft

15 ml/1 spsk revet citronskal

120 ml/4 ml oz/½ kop vand

En smule salt

15 ml/1 spsk smør eller margarine

Bland alle ingredienser, undtagen smør eller margarine, i en lille gryde ved svag varme og rør forsigtigt, indtil det er godt blandet. Bring i kog og kog i 1 minut. Hæld smør eller margarine i og lad det køle af. Opbevares i køleskabet før brug.

Chokoladebetræk

Nok til at dække en kage med en diameter på 25 cm/10/10

50 g/2 oz/½ kop hakket mørk (halvsød) chokolade

50 g smør eller margarine

2,5 ml/½ tsk vaniljeessens (ekstrakt)

75 ml/5 spsk kogende vand

350 g/12 oz/2 kopper granuleret sukker, sigtet

Blend alle ingredienser i en blender eller foodprocessor, indtil det er glat og blend efter behov. Brug med det samme.

Frugt glasur

Nok til at dække en kage med en diameter på 25 cm/10/10

75 ml/5 spsk gylden sirup (lys majs)

60 ml/4 spsk ananas- eller appelsinjuice

Hæld sirup og bouillon i en gryde og bring det i kog. Fjern fra varmen og fordel blandingen over toppen og siderne af den afkølede kage. Lad det stivne. Bag frostingen igen og fordel endnu et lag over kagen.

Appelsinkage med frugttopping

Nok til at dække en kage med en diameter på 25 cm/10/10

50 g flormelis (meget fint)

30 ml / 2 spsk appelsinjuice

10 ml/2 spsk revet appelsinskal

Kom ingredienserne i en gryde og varm op under konstant omrøring. Fjern fra varmen og fordel blandingen over toppen og siderne af den afkølede kage. Lad det stivne. Bag frostingen igen og fordel endnu et lag over kagen.

Mandelmarengsplads

fra 12

225 g/8 oz sandkage

60 ml/4 spsk hindbærsyltetøj (fra en krukke)

2 æggehvider

50 g hakkede mandler

100 g/4 oz/½ kop strøsukker (meget fint)

Et par dråber mandelessens (ekstrakt)

25 g / 1 oz / ¼ kop hakkede mandler

Rul dejen ud og beklæd en smurt 30 x 20 cm/12 x 8 pande med en rouladepande (ovenpå gelatinen). Smøres med marmelade. Pisk æggehviderne stive, tilsæt forsigtigt hakkede mandler, sukker og mandelessens, dæk med marmelade og drys med de ristede mandler. Bag i ovnen ved 180°C/350°F/Gas 4 i 45 minutter, indtil de er gyldne og sprøde. Lad det køle af og skær det derefter i firkanter.

En engel falder

fra den 24

50 g blødgjort smør eller margarine

50 g/2 oz/¼ kop spæk (forkortet)

100 g/4 oz/½ kop strøsukker (meget fint)

1 lille æg, pisket

et par dråber vaniljeessens (ekstrakt)

175 g/6 oz/1½ kopper selvhævende mel (selvhævende)

45 ml/3 spsk havregryn

50 g / 2 oz / ¼ kop frosne kirsebær (sødet), halveret

Pisk smør, margarine, spæk og sukker let og luftigt. Tilsæt æg og vaniljeessens, tilsæt derefter melet og ælt til det danner en stiv dej. Skær dem i kugler og smid dem i havregrynene. Læg dem på en velsmurt tallerken (kiks) og pynt hver med et kirsebær. Bag i ovnen ved 180°C/350°F/Gas 4 i 20 minutter, indtil den er stivnet. Lad afkøle på en tallerken.

Mandelflager

fra 12

100 g/4 oz/½ kop smør eller margarine

225 g/8 oz/2 kopper universalmel

5 ml/1 tsk bagepulver

50 g flormelis (meget fint)

1 knækket æg

75 ml/5 spsk hindbærsyltetøj (fra en krukke)

100 g/2/3 kop strøsukker, sigtet

100 g/1 kop hakkede mandler

Gnid smør eller margarine med mel og drys i brødkrummer. Tilsæt sukkeret og derefter blommen og ælt til en stiv dej. På en let meldrysset overflade rulles en smurt 30 x 20 cm/12 x 8 gelérulleform ud, trykkes forsigtigt ned i formen og kanterne løftes lidt op for at danne en kant. Smøres med marmelade. Pisk æggehviderne stive og tilsæt derefter flormelis gradvist. Fordel marmeladen ovenpå og drys med mandler. Bages i en forvarmet ovn ved 160°C/325°F/Gas 3 i 1 time, indtil de er gyldne. Lad afkøle i gryden i 5 minutter.

Bakewell tærter

fra den 24

Til kagerne:

25 g/2 spsk spæk (afkortning)

25 g/1 oz/2 spsk smør eller margarine

100 g/4 oz/1 kop mel (all-purpose)

En smule salt

30 ml/2 spsk vand

45 ml/3 spsk hindbærsyltetøj (fra en krukke)

Komplet:

50 g blødgjort smør eller margarine

50 g flormelis (meget fint)

1 let pisket æg

25 g/1 oz/¼ kop selvhævende mel (selvhævende)

25 g/1 oz/¼ kop malede mandler

Et par dråber mandelessens (ekstrakt)

For at lave dejen skal du gnide matfett og smør eller margarine med mel og salt, indtil blandingen bliver til brødkrummer. Bland nok vand til at lave en glat pasta. Rul ud på en let meldrysset overflade, skåret i 7,5 cm/3 runder og beklæd siderne af to smørsmurte frikadeller. Fyld med marmelade.

For at lave fyldet, pisk smør, margarine og sukker og tilsæt lidt efter lidt æg, mel, malede mandler og mandelessens. Hæld blandingen i tærterne, forsegl kanterne af dejen, så marmeladen er helt dækket. Bag i ovnen ved 180°C/350°F/Gas 4 i 20 minutter, indtil de er gyldne.

Chokoladekage med sommerfugle

Gør omkring 12 kager

Til desserter:

100 g/4 oz/½ kop blødgjort smør eller margarine

100 g/4 oz/½ kop strøsukker (meget fint)

Pisk 2 æg

100 g/1 kop selvhævende mel (selvhævende)

30 ml/2 spsk kakao (usødet chokolade).

En smule salt

30 ml / 2 spsk kold mælk

Til cremen (glasuren):

50 g blødgjort smør eller margarine

100 g/2/3 kop strøsukker, sigtet

10 ml/2 spsk varm mælk

For at lave cookies, fløde smør, margarine og sukker, indtil det er blødt og luftigt. Tilsæt gradvist æggene, skiftevis med mel, kakao og salt, indtil mælken er homogen. Hæld i papirkage- eller frikadelleforme og bag ved 190°/375°F/Gas 5 i 15-20 minutter, indtil de er gyldne og fjedrende at røre ved. Lad afkøle. Skær toppen af kagen vandret og halver derefter lodret for at lave sommerfugle "vinger".

For at male, pisk smør eller margarine, indtil det er glat, og tilsæt flormelis halvvejs igennem. Hæld mælken i og derefter resten af sukkeret. Fordel flødeblandingen mellem kagerne og tryk "vingerne" på toppen af kagerne i det ene hjørne.

Kokoskager

fra 12

100 g/4 oz korte nudler

50 g blødgjort smør eller margarine

50 g flormelis (meget fint)

1 sammenpisket æg

25 g/1 oz/2 spsk rismel

50 g / 2 oz / ½ kop revet kokosnød (revet)

1,5 ml/¼ teskefuld bagepulver

60 ml/4 spsk chokolade

Rul sandkagen (nudler) ud og beklæd siderne af gryden (dejen). Pisk smør, margarine og sukker, derefter æg og rismel, tilsæt kokos og bagepulver, læg en teskefuld chokolade i bunden af hver pande (skorpe). Hæld kokosblandingen over toppen og bag ved 200°C/400°F/Gas 6 i 15 minutter, indtil den er gylden.

Søde småkager

fra 15

100 g/4 oz/½ kop blødgjort smør eller margarine

225 g/8 oz/1 kop strøsukker (meget fint)

2 æg

5 ml/1 tsk vaniljeessens (ekstrakt)

175 g/6 oz/1½ kopper selvhævende mel (selvhævende)

5 ml/1 tsk bagepulver

En smule salt

75 ml/5 spsk mælk

Pisk smør, margarine og sukker let og luftigt. Tilsæt æg og vaniljeessens lidt efter lidt, pisk godt efter hver tilsætning. Tilsæt mel, gær og salt skiftevis med mælken, bland godt. Hæld blandingen i en papirform (beklædt) og bag i 20 minutter, indtil en tandstik indsat i midten af kagen kommer tør ud.

Kaffe Cookies

fra 12

Til desserter:

100 g/4 oz/½ kop blødgjort smør eller margarine

100 g/4 oz/½ kop strøsukker (meget fint)

Pisk 2 æg

100 g/1 kop selvhævende mel (selvhævende)

10 ml/2 spiseskefulde kaffeessens (ekstrakt)

Til cremen (glasuren):

50 g blødgjort smør eller margarine

100 g/2/3 kop strøsukker, sigtet

et par dråber kaffeessens (ekstrakt)

100 g/4 oz/1 kop chokoladechips

For at lave cookies, fløde smør, margarine og sukker, indtil det er blødt og luftigt. Tilsæt gradvist æggene, derefter mel og kaffeessens. Hæld dejen i en kageform (dej) beklædt med bagepapir (dej) og bag ved 180°C/350°F/gas 4 i 20 minutter, indtil den er gennemhævet og fjedrende at røre ved. Lad afkøle.

For at lave cremen, pisk smør eller margarine, indtil det er glat, og tilsæt derefter flormelis og kaffeessens. Fordel på overfladen af småkagerne og pynt med chokoladespåner.

Eccles kager

fra 16

50 g smør eller margarine

50 g/2 oz/¼ kop blødt brun farin

225 g/8 oz/11/3 kopper rosiner

450g/1lb butterdej eller butterdej

noget mælk

45 ml/3 spsk rørsukker (meget fint)

Smelt smør, margarine og farin ved svag varme og bland godt. Fjern fra varmen og tilsæt rosinerne. Lad det køle lidt af. Rul dejen (nudler) ud på en meldrysset overflade og skær i 16 cirkler. Fordel fyldblandingen mellem cirklerne, fold kanterne ind mod midten og pensl med vand for at forsegle kanterne. Vend kagerne og flad dem lidt sammen med pandekagen. Skær tre skiver i hver, pensl med mælk og drys med sukker. Anbring i en smurt ovn (kiks) og bag ved 200°C/400°F/Gas 6 i 20 minutter, indtil de er gyldne.

Fairy desserter

Klokken er omkring 12

100 g/4 oz/½ kop blødgjort smør eller margarine

100 g/4 oz/½ kop strøsukker (meget fint)

Pisk 2 æg

100 g/1 kop selvhævende mel (selvhævende)

En smule salt

30 ml / 2 spsk mælk

et par dråber vaniljeessens (ekstrakt)

Pisk smør eller margarine, indtil sukkeret er glat og luftigt. Bland gradvist æggene, skiftevis med mel og salt, og tilsæt derefter mælk og vaniljeessens, indtil du opnår en homogen blanding. Hæld i smørsmurte kageforme eller ramekins og bag ved 190°C/375°F/Gas 5 i 15-20 minutter, indtil de er godt hævet og faste at røre ved.

prinsessekager

fra 12

50 g blødgjort smør eller margarine

50 g flormelis (meget fint)

1 æg

50 g/2 oz/½ kop selvhævende mel (selvhævende)

100 g/2/3 kop flormelis (til konditorer)

15 ml/1 spsk varmt vand

Et par dråber madfarve

Pisk smør, margarine og sukker let og luftigt. Tilsæt ægget lidt efter lidt, bland med melet og del dejen i 12 papirforme placeret i donutforme. Bages i en forvarmet ovn ved 160°C/325°F/Gas 3 i 15-20 minutter, indtil den er gylden og fjedrende at røre ved. Lad afkøle.

Bland pulveriseret sukker med varmt vand. Farv en tredjedel af frostingen med madfarve. Fordel den hvide creme på kagerne. Smør farvet stribet frosting på kagen og tegn en streg henover toppen for at skabe et bølget mønster, først på den ene side og derefter den anden. Lad det stivne.

Genovas fantasier

fra 12

Pisk 3 æg

75 g/3 oz/1/3 kop konditorsukker (meget fint)

75 g/3 oz/¾ kop selvhævende mel (selvhævende)

et par dråber vaniljeessens (ekstrakt)

25 g smør eller margarine, smeltet og afkølet

60 ml/4 spsk abrikosmarmelade (fra en krukke), siet (sigtet)

60 ml/4 spiseskefulde vand

225 g/8 oz/11/3 kopper pulveriseret sukker (konfekture), sigtet

Et par dråber pink og blå madfarve (valgfrit)

At pynte kagen

Læg æg og flormelis i en varmefast skål over en gryde med kogende vand. Pisk dejen, indtil den begynder at komme væk fra røremaskinen. Sigt mel og vaniljeessens, derefter smør eller margarine, hæld blandingen i en smurt 30 x 20 cm / 12 x 8 roulade og bag ved 190 °C / 375 °F/gas 5 i 30 minutter. . Lad afkøle og skær i forme. Varm marmeladen op med 30 ml/2 spsk vand og pensl over kiksene.

Sigt flormelisen i en skål. Hvis du vil lave en anden farve glasur (glasur), skal du skille dem i separate skåle og lave et hul i midten af hver enkelt. Tilsæt gradvist et par dråber farve og resten af vandet, bland indtil du får en meget tyk glasur. Fordel over kagerne og pynt efter ønske.

Pasta med mandler

fra 16

Rispapir

100 g/4 oz/½ kop strøsukker (meget fint)

50 g hakkede mandler

5 ml/1 spsk formalet ris

Et par dråber mandelessens (ekstrakt)

1 æggehvide

8 flåede mandler, skåret i halve

Beklæd en bageplade med rispapir. Bland alle ingredienserne, undtagen de blancherede mandler, indtil der dannes en stiv pasta og bland godt. Læg blandingen i formen (cookies) og dekorer hver mandelhalvdel. Bag i ovnen ved 150°C/325°F/Gas 3 i 25 minutter. Lad afkøle på bagepladen og klip eller åbn for at frigøre rispapiret.

kokosnudler

fra 16

2 æggehvider

150 g/5 oz/2/3 kop strøsukker (meget fint)

150 g/5 oz/1¼ kop revet kokosnød (revet)

Rispapir

8 glaserede (kandiserede) kirsebær, halveret

Pisk æggehviderne stive. Pisk sukkerblandingen, indtil der dannes stive toppe. Tilsæt kokosflagerne, læg rispapir på bagepladen (cookie) og læg blandingen på bagepladen. Læg et kirsebær på hver side. Bag i ovnen ved 160°C/325°F/Gas 3 i 30 minutter, indtil den er stivnet. Lad rispapiret køle af, og klip eller riv derefter hver af dem.

Pasta med citron

fra 12

100 g/4 oz korte nudler

60 ml/4 spsk citronmarmelade

2 æggehvider

50 g flormelis (meget fint)

25 g/1 oz/¼ kop malede mandler

10 ml / 2 spsk formalet ris

5 ml/1 tsk appelsinblomstvand

Rul sandkagen (nudler) ud og beklæd siderne af gryden (dejen). Læg en skefuld marmelade (tærtebund) på hver bageplade. Pisk æggehviderne stive. Pisk sukkeret stift og blankt. Bland med mandler, ris og appelsinsaft og hæld marmeladen i formene, så de dækkes helt. Bag i ovnen ved 180°C/350°F/Gas 4 i 30 minutter, indtil de er gyldne.

Havre

fra den 24

175 g/6 oz/1½ kopper havregryn

175 g/6 oz/¾ kop brun farin

120 ml / 4 ml oz / ½ kop olie

1 æg

2,5 ml / ½ tsk salt

2,5 ml/½ tsk mandelessens (ekstrakt)

Bland havre, sukker og olie og lad det hvile i en time. Hæld æg, salt og mandelessens i. Læg blandingen i en smurt ovnfast fad og bag ved 160°C/325°F/Gas 3 i 20 minutter, indtil den er gylden.

Madeleine

fra 9

100 g/4 oz/½ kop blødgjort smør eller margarine

100 g/4 oz/½ kop strøsukker (meget fint)

Pisk 2 æg

100 g/1 kop selvhævende mel (selvhævende)

175 g/6 oz/½ kop jordbær- eller hindbærsyltetøj (fra en krukke)

60 ml/4 spiseskefulde vand

50 g / 2 oz / ½ kop revet kokosnød (revet)

5 glaserede kirsebær (kandiserede), skåret i halve

Pisk smør eller margarine, indtil det er glat og luftigt, og tilsæt derefter sukkeret, indtil det er glat og luftigt. Pisk æggene lidt efter lidt, bland derefter med melet, hæld i ni ramekins smurt med dariolesmør (kastemælk) og læg dem på en bageplade (kiks). Bag i ovnen ved 190°C/375°F/Gas 5 i 20 minutter, indtil de er gyldne. Lad afkøle i ramekins i 5 minutter, og flyt derefter over på en rist for at afslutte afkøling.

Klip toppen af hver kage til en flad bund. Si (si) syltetøjet og bring det i kog i en lille gryde med vand under omrøring, indtil det er godt blandet. Fordel kokosvoks (voks) på et stort ark papir. Stik en tandstik i bunden af den første kage, fordel marmeladen ovenpå og rul kokosflagerne i, til de er dækket. Læg på et serveringsfad. Gentag med resten af kagerne. Pynt med halvglaserede kirsebær.

Marcipan kage

Klokken er omkring 12

450 g/1 lb/4 kopper malede mandler

100 g/2/3 kop strøsukker, sigtet

100 g/4 oz/½ kop strøsukker (meget fint)

30 ml/2 spsk vand

3 æggehvider

                    Til cremen (glasuren):

100 g/2/3 kop strøsukker, sigtet

1 æggehvide

2,5 ml/½ teskefuld eddike

Bland alle dejens ingredienser i en gryde og varm op under forsigtigt omrøring, indtil blandingen absorberer al væsken. Fjern fra varmen og lad afkøle. Rul ud på en let meldrysset overflade til 1 cm/½ tykkelse og skær i 3 cm/1½ strimler. Skær i 5 cm stykker, læg på en bageplade med smør (til kiks) og bag ved 150°C/300°F/Gas 2 i 20 minutter, indtil den er let brunet på toppen. Lad afkøle.

For at forberede glasuren skal du langsomt blande æggehvider og eddike med flormelis, indtil du får en glat, tyk glasur. Dryp kagerne med toppingen.

muffin

fra 12

225 g/8 oz/2 kopper universalmel

100 g/4 oz/½ kop strøsukker (meget fint)

10 ml / 2 skeer bagepulver

2,5 ml / ½ tsk salt

1 let pisket æg

250 ml/8 ml oz/1 kop mælk

120 ml / 4 ml oz / ½ kop olie

Bland mel, sukker, gær og salt og lav en fordybning i midten. Bland resten af ingredienserne og bland med de tørre ingredienser til en jævn masse. Bland ikke for meget. Hæld i (papir) eller smurte (bakke) muffinforme og bag ved 200°C/400°F/Gas 6 i 20 minutter, indtil de er gyldne og fjedrende at røre ved.

Æble muffin

fra 12

225 g/8 oz/2 kopper universalmel

100 g/4 oz/½ kop strøsukker (meget fint)

10 ml / 2 skeer bagepulver

2,5 ml / ½ tsk salt

1 let pisket æg

250 ml/8 ml oz/1 kop mælk

120 ml / 4 ml oz / ½ kop olie

2 spiste æbler (dessert), skrællet, udsået og skåret i skiver

Bland mel, sukker, gær og salt og lav en fordybning i midten. Bland resten af ingredienserne og bland med de tørre ingredienser til en jævn masse. Bland ikke for meget. Hæld i (papir) eller smurte (bakke) muffinforme og bag ved 200°C/400°F/Gas 6 i 20 minutter, indtil de er gyldne og fjedrende at røre ved.

bananfritter

fra 12

225 g/8 oz/2 kopper universalmel

100 g/4 oz/½ kop strøsukker (meget fint)

10 ml / 2 skeer bagepulver

2,5 ml / ½ tsk salt

1 let pisket æg

250 ml/8 ml oz/1 kop mælk

120 ml / 4 ml oz / ½ kop olie

2 mosede bananer

Bland mel, sukker, gær og salt og lav en fordybning i midten. Bland resten af ingredienserne og bland med de tørre ingredienser til en jævn masse. Bland ikke for meget. Hæld i (papir) eller smurte (bakke) muffinforme og bag ved 200°C/400°F/Gas 6 i 20 minutter, indtil de er gyldne og fjedrende at røre ved.

Stikkelsbærmuffins

fra 12

225 g/8 oz/2 kopper selvhævende mel (selvhævende)

75 g/3 oz/1/3 kop konditorsukker (meget fint)

2 æggehvider

75 g solbær

200 ml / 7 ml oz / 1 kop skummetmælk

30 ml / 2 spsk olie

Bland mel og sukker. Pisk æggehviderne lidt stive og bland dem med de tørre ingredienser. Bland rosiner, mælk og olie. Hæld i en smurt muffinform og bag ved 200°C/400°F/Gas 6 i 15-20 minutter, indtil de er gyldne.

Amerikanske blåbærmuffins

fra 12

150 g/5 oz/1¼ kop universalmel

75 g/3 oz/¾ kop majsmel

75 g/3 oz/1/3 kop konditorsukker (meget fint)

10 ml / 2 skeer bagepulver

En smule salt

1 let pisket æg

75 g/3 oz/1/3 kop smeltet smør eller margarine

250 ml/8 ml oz/1 kop kærnemælk

100 g røde frugter

Bland mel, majsmel, sukker, gær og salt og lav en fordybning i midten. Tilsæt æg, smør, margarine og kærnemælk og rør til det er glat. Bland med blåbær eller brombær. Hæld i muffinsforme (papir) og bag ved 200°C/400°F/Gas 6 i 20 minutter, indtil de er gyldne og boblende at røre ved.

Madeleine med kirsebær

fra 12

225 g/8 oz/2 kopper universalmel

100 g/4 oz/½ kop strøsukker (meget fint)

100 g/4 oz/½ kop kirsebær (kandiserede).

10 ml / 2 skeer bagepulver

2,5 ml / ½ tsk salt

1 let pisket æg

250 ml/8 ml oz/1 kop mælk

120 ml / 4 ml oz / ½ kop olie

Bland mel, sukker, kirsebær, gær og salt og lav en fordybning i midten. Bland resten af ingredienserne og bland med de tørre ingredienser til en jævn masse. Bland ikke for meget. Hæld i (papir) eller smurte (bakke) muffinforme og bag ved 200°C/400°F/Gas 6 i 20 minutter, indtil de er gyldne og fjedrende at røre ved.

chokoladekager

Gør 10-12

175 g/6 oz/1½ kopper mel (all-purpose)

40 g/1½ oz/1/3 kop kakaopulver (usødet chokolade)

100 g/4 oz/½ kop strøsukker (meget fint)

10 ml / 2 skeer bagepulver

2,5 ml / ½ tsk salt

1 stort æg

250 ml/8 ml oz/1 kop mælk

2,5 ml/½ tsk vaniljeessens (ekstrakt)

120 ml/4 ml oz/½ kop solsikke- eller vegetabilsk olie

Bland de tørre ingredienser og lav en brønd i midten. Bland æg, mælk, vaniljeessens og olie godt sammen. Rør hurtigt væsken i de tørre ingredienser, indtil de er blandet. Bland ikke for meget; blandingen skal være klumpet. Hæld i kopper (papir) eller muffinsforme (forme) og bag ved 200°C/400°F/Gas 6 i ca. 20 minutter, indtil de er godt hævet og fjedrende at røre ved.

chokoladekager

fra 12

175 g/6 oz/1½ kopper mel (all-purpose)

100 g/4 oz/½ kop strøsukker (meget fint)

45 ml/3 spsk kakao (usødet chokolade).

100 g/4 oz/1 kop chokoladechips

10 ml / 2 skeer bagepulver

2,5 ml / ½ tsk salt

1 let pisket æg

250 ml/8 ml oz/1 kop mælk

120 ml / 4 ml oz / ½ kop olie

2,5 ml/½ tsk vaniljeessens (ekstrakt)

Bland mel, sukker, kakao, chokoladechips, bagepulver og salt og lav en fordybning i midten. Bland resten af ingredienserne og bland med de tørre ingredienser til en jævn masse. Bland ikke for meget. Hæld i (papir) eller smurte (bakke) muffinforme og bag ved 200°C/400°F/Gas 6 i 20 minutter, indtil de er gyldne og fjedrende at røre ved.

kanel muffin

fra 12

225 g/8 oz/2 kopper universalmel

100 g/4 oz/½ kop strøsukker (meget fint)

10 ml / 2 skeer bagepulver

5 ml/1 tsk kanelpulver

2,5 ml / ½ tsk salt

1 let pisket æg

250 ml/8 ml oz/1 kop mælk

120 ml / 4 ml oz / ½ kop olie

Bland mel, sukker, gær, kanel og salt og lav en fordybning i midten. Bland resten af ingredienserne og bland med de tørre ingredienser til en jævn masse. Bland ikke for meget. Hæld i (papir) eller smurte (bakke) muffinforme og bag ved 200°C/400°F/Gas 6 i 20 minutter, indtil de er gyldne og fjedrende at røre ved.

Majsmelsmuffins

fra 12

50 g/2 oz/½ kop mel (all-purpose)

100 g/4 oz/1 kop majsmel

5 ml/1 tsk bagepulver

1 knækket æg

1 æggeblomme

30 ml / 2 spsk majsolie

30 ml / 2 spsk mælk

Bland mel, majsmel og gær. Pisk blommer, olie og mælk og bland derefter de tørre ingredienser i. Pisk æggehviderne stive og vend dem i blandingen. Hæld i muffinsforme (papir) eller smurte forme og bag ved 200°C/400°F/Gas 6 i ca. 20 minutter, indtil de er gyldne.

Fuldkornsmuffins med figner

gør 10

100 g/4 oz/1 kop fuldkornshvedemel (fuldkornshvede)

5 ml/1 tsk bagepulver

50 g/2 oz/½ kop havregryn

50 g/1/3 kop hakkede tørrede figner

45 ml / 3 spsk olie

75 ml/5 spsk mælk

15 ml/1 spsk sirup (melasse)

1 let pisket æg

Bland mel, bagepulver og havre, tilsæt figner, olie, mælk og melasse, varm op til det er blandet, tilsæt de tørre ingredienser til æggene og ælt indtil du får en stiv dej. Hæld blandingen i smurte (papir)forme eller muffinforme og bag ved 190°C/375°F/Gas 5 i ca. 20 minutter, indtil de er gyldne.

Muffins med frugt og klid

af 8

100 g/4 oz/1 kop korn

50 g/2 oz/½ kop mel (all-purpose)

2,5 ml/½ tsk bagepulver

5 ml/1 tsk bagepulver (bagepulver)

5 ml/1 spsk stødt krydderiblanding (æblekage).

50 g / 2 oz / 1/3 kop rosiner

100 g/1 kop æblemos (sovs)

5 ml/1 tsk vaniljeessens (ekstrakt)

30 ml / 2 spsk mælk

Bland de tørre ingredienser og lav en brønd i midten. Tilsæt rosiner, æblemos og vaniljeessens og eventuelt mælk, indtil du får en homogen blanding. Hæld i (papir) eller smurte (telefon) muffinforme og bag ved 200°C/400°F/Gas 6 i 20 minutter, indtil de er gyldne og godt brune.

Havre muffins

lave 20

100 g/1 kop havregryn

100 g/1 kop havregryn

225 g/8 oz/2 kopper fuldkornshvedemel (fuld hvede)

10 ml / 2 skeer bagepulver

50 g/2 oz/1/3 kop rosiner (valgfrit)

375 ml / 13 ml oz / 1 ½ kop mælk

10 ml/2 spsk olie

2 æggehvider

Bland havre, mel og bagepulver og tilsæt evt. rosinerne. Bland mælk og olie. Pisk æggehviderne stive og tilsæt til blandingen. Hæld i smurte muffinsforme (papir) og bag ved 190°C/375°F/Gas 5 i ca. 25 minutter, indtil de er gyldne.

Muffins og frugt med havre

gør 10

100 g/4 oz/1 kop fuldkornshvedemel (fuldkornshvede)

100 g/1 kop havregryn

15 ml/1 spsk bagepulver

100 g/2/3 kop sultanas (rosiner)

50 g/2 oz/½ kop hakkede blandede nødder

1 æble (sødt), skrællet, kernet og revet

45 ml / 3 spsk olie

30 ml/2 spsk ren honning

15 ml/1 spsk sirup (melasse)

1 let pisket æg

90 ml/6 spsk mælk

Bland mel, havre og gær. Tilsæt sultanas, valnødder og æbler. Opvarm olie, honning og melasse, indtil det er smeltet, og tilsæt derefter æggeblandingen og nok mælk til at få en jævn konsistens. Hæld i smurte muffinsforme (papir) og bag ved 190°C/375°F/Gas 5 i ca. 25 minutter, indtil de er gyldne.

Orange muffins

fra 12

100 g/1 kop selvhævende mel (selvhævende)

100 g/4 oz/½ kop blødt brun farin

1 let pisket æg

120 ml/4 ml oz/½ kop appelsinjuice

60 ml / 4 spsk olie

2,5 ml/½ tsk vaniljeessens (ekstrakt)

25 g/1 oz/2 spsk smør eller margarine

30 ml / 2 spsk mel (all-purpose)

2,5 ml/½ teskefuld kanelpulver

Bland melet med bagepulver og halvdelen af sukkeret i en skål. Tilsæt æg, appelsinjuice, olie og vaniljeessens og derefter de tørre ingredienser, indtil de er blandet. Bland ikke for meget. Hæld i smurte muffinsforme (papir) og bag ved 200°C/400°F/Gas 6 i 10 minutter.

Gnid imens smørret eller margarinen med melet, bland derefter med det resterende sukker og kanel, drys over cupcakes og bag i yderligere 5 minutter, indtil de er gyldne.

Ferskenmuffin

fra 12

225 g/8 oz/2 kopper universalmel

100 g/4 oz/½ kop strøsukker (meget fint)

10 ml / 2 skeer bagepulver

2,5 ml / ½ tsk salt

1 let pisket æg

175 ml / 6 ml oz / ¾ kop mælk

120 ml / 4 ml oz / ½ kop olie

200 g/7 oz/1 lille dåse ferskner, drænet og skåret i skiver

Bland mel, sukker, gær og salt og lav en fordybning i midten. Bland resten af ingredienserne og bland med de tørre ingredienser til en jævn masse. Bland ikke for meget. Hæld i (papir) eller smurte (bakke) muffinforme og bag ved 200°C/400°F/Gas 6 i 20 minutter, indtil de er gyldne og fjedrende at røre ved.

Jordnøddesmør muffins

fra 12

225 g/8 oz/2 kopper universalmel

100 g/4 oz/½ kop blødt brun farin

10 ml / 2 skeer bagepulver

2,5 ml / ½ tsk salt

1 let pisket æg

250 ml/8 ml oz/1 kop mælk

120 ml / 4 ml oz / ½ kop olie

45 ml/3 spsk jordnøddesmør

Bland mel, sukker, gær og salt og lav en fordybning i midten. Bland resten af ingredienserne og bland med de tørre ingredienser til en jævn masse. Bland ikke for meget. Hæld i (papir) eller smurte (bakke) muffinforme og bag ved 200°C/400°F/Gas 6 i 20 minutter, indtil de er gyldne og fjedrende at røre ved.

Ananas muffins

fra 12

225 g/8 oz/2 kopper universalmel

100 g/4 oz/½ kop blødt brun farin

10 ml / 2 skeer bagepulver

2,5 ml / ½ tsk salt

1 let pisket æg

175 ml / 6 ml oz / ¾ kop mælk

120 ml / 4 ml oz / ½ kop olie

200 g/7 oz/1 lille dåse ananas, drænet og hakket

30ml/2 spsk demerara sukker

Bland mel, sukker, gær og salt og lav en fordybning i midten. Bland alle de resterende ingredienser, undtagen demerara-sukkeret, og bland indtil det er tørt. Bland ikke for meget. Hæld i muffinsforme (papir) smurt med smør og drys med demerara sukker. Bages i en forvarmet ovn ved 200°C/400°F/Gas 6 i 20 minutter, indtil de er godt hævet og fjedrende at røre ved.

Hindbær muffins

fra 12

225 g/8 oz/2 kopper universalmel

100 g/4 oz/½ kop strøsukker (meget fint)

10 ml / 2 skeer bagepulver

2,5 ml / ½ tsk salt

200 g hindbær

1 let pisket æg

250 ml/8 ml oz/1 kop mælk

120 ml / 4 ml oz / ½ kop vegetabilsk olie

Bland mel, sukker, gær og salt. Tilsæt hindbærene og lav en fordybning i midten. Bland æg, mælk og olie og hæld i de tørre ingredienser. Bland forsigtigt alle de tørre ingredienser sammen, indtil dejen er godt blandet, men dejen er stadig glat. Overdriv ikke. Læg blandingen på en bageplade (papir) eller i en smurt muffinform og bag i en forvarmet ovn ved 200°C/400°F/Gas 6 i 20 minutter, indtil den er fast og fast at røre ved.

Hindbær og citron muffin

fra 12

175 g/6 oz/1½ kopper mel (all-purpose)

50 g / 2 oz / ¼ kop pulveriseret sukker

50 g/2 oz/¼ kop blødt brun farin

10 ml / 2 skeer bagepulver

5 ml/1 tsk kanelpulver

En smule salt

1 let pisket æg

100 g/4 oz/½ kop smeltet smør eller margarine

120 ml / 4 ml oz / ½ kop mælk

100 g friske hindbær

10 ml/2 spsk revet citronskal

Komplet:
75 g/3 oz/½ kop pulveriseret sukker (glasur), sigtet

15 ml/1 spsk citronsaft

Bland mel, sukker, brun farin, gær, kanel og salt i en skål og lav en fordybning i midten. Tilsæt æg, smør, margarine og mælk og pisk til en jævn masse. Tilsæt hindbær og citronskal. Hæld i (papir) eller smurte (telefon) muffinsforme og bag ved 180°C/350°F/Gas 4 i 20 minutter, indtil de er gyldne og fjedrende at røre ved. Bland flormelis og citronsaft til fyldet og dryp over de lune muffins.

rosin muffins

fra 12

225 g/8 oz/2 kopper universalmel

100 g/4 oz/½ kop strøsukker (meget fint)

100 g/2/3 kop sultanas (rosiner)

10 ml / 2 skeer bagepulver

5 ml/1 spsk stødt krydderiblanding (æblekage).

2,5 ml / ½ tsk salt

1 let pisket æg

250 ml/8 ml oz/1 kop mælk

120 ml / 4 ml oz / ½ kop olie

Bland mel, sukker, sultanas, gær, krydderiblanding og salt og lav en brønd i midten. Bland resten af ingredienserne. Hæld i (papir) eller smurte (bakke) muffinforme og bag ved 200°C/400°F/Gas 6 i 20 minutter, indtil de er gyldne og fjedrende at røre ved.

Muffins med melasse

fra 12

225 g/8 oz/2 kopper universalmel

100 g/4 oz/½ kop blødt brun farin

10 ml / 2 skeer bagepulver

2,5 ml / ½ tsk salt

1 let pisket æg

175 ml / 6 ml oz / ¾ kop mælk

60 ml/4 spsk sirup (melasse)

120 ml / 4 ml oz / ½ kop olie

Bland mel, sukker, gær og salt og lav en fordybning i midten. Bland resten af ingredienserne. Bland ikke for meget. Hæld i (papir) eller smurte (bakke) muffinforme og bag ved 200°C/400°F/Gas 6 i 20 minutter, indtil de er gyldne og fjedrende at røre ved.

Muffins med melasse og havre

gør 10

100 g/4 oz/1 kop mel (all-purpose)

175 g/6 oz/1½ kopper havregryn

100 g/4 oz/½ kop blødt brun farin

15 ml/1 spsk bagepulver

5 ml/1 tsk kanelpulver

2,5 ml / ½ tsk salt

1 let pisket æg

120 ml / 4 ml oz / ½ kop mælk

60 ml/4 spsk sirup (melasse)

75 ml/5 spsk olie

Bland mel, havre, sukker, gær, kanel og salt og lav en fordybning i midten. Bland resten af ingredienserne og tilsæt derefter de tørre ingredienser. Bland ikke for meget. Hæld i (papir) eller smurte (telefon) muffinsforme og bag ved 200°C/Gas 6 i 15 minutter, indtil de er godt hævet og smidige.

Havre Toast

af 8

225 g/8 oz/2 kopper havregryn

100 g/4 oz/1 kop fuldkornshvedemel (fuldkornshvede)

5 ml / 1 tsk salt

5 ml/1 tsk bagepulver

50 g/2 oz/¼ kop spæk (forkortet)

30 ml / 2 spsk koldt vand

Bland de tørre ingredienser og overtræk det i spæk, indtil det bliver til brødkrummer. Bland nok vand til at lave en stiv pasta. Rul ud på en let meldrysset overflade til en cirkel, der måler 18 cm/7 i diameter og skær i otte tern. Placer på en smurt bageplade og bag ved 180°C/350°F/Gas 4 i 25 minutter. Server med smør, marmelade eller marmelade.

Jordbærsvamp

fra 18

5 æggeblommer

75 g/3 oz/1/3 kop konditorsukker (meget fint)

En smule salt

Skal af en halv citron

4 æggehvider

40 g/1½ oz/1/3 kop majsstivelse (majsstivelse)

40 g/1½ oz/1/3 kop mel (all-purpose)

Smelt 40 g smør eller margarine

½/1¼ kop fløde pr. 300 ml portion

225 g jordbær

Sigtet creme til drys (til kagen).

Pisk æggeblommerne med 25 g flormelis, til de er lyse og tykke, og tilsæt derefter salt og citronskal. Pisk æggehviderne stive, tilsæt resten af flormelissen og pisk videre, indtil du får et stift, skinnende skum. Hæld æggeblommerne i, og tilsæt derefter majsmel og mel, smeltet smør eller margarine. Overfør blandingen til en sprøjtepose udstyret med en 1 cm/½ dyse og rørcirkler, der måler 15 cm/6 i diameter, på en bageplade beklædt med bagepapir. Bages i en forvarmet ovn ved 220°C/425°F/Gas 7 i 10 minutter, indtil de er let brunede, men ikke brunede. Lad afkøle.

Pisk fløden stiv. Læg et tyndt lag i midten af hver cirkel, dæk med jordbær og afslut med mere creme. Fold den øverste halvdel af "tortillaen". Drys med flormelis og server.

Pebermyntekager

fra 12

100 g/4 oz/½ kop blødgjort smør eller margarine

100 g/4 oz/½ kop strøsukker (meget fint)

Pisk 2 æg

75 g/3 oz/¾ kop selvhævende mel (selvhævende)

10 ml/2 spsk kakao (usødet chokolade).

En smule salt

225 g/8 oz/11/3 kopper pulveriseret sukker (konfekture), sigtet

30 ml/2 spsk vand

Et par dråber grøn madfarve

Et par dråber pebermynteessens (ekstrakt)

En myntechokolade skåret i halve til pynt

Pisk smør, margarine og sukker jævnt og tilsæt lidt efter lidt æg, mel, kakao og salt. Hæld i smurte ramekins og bag ved 200°C/400°F/Gas 6 i 10 minutter, indtil de er møre. Lad afkøle.

Sigt flormelissen i en skål og tilsæt 15 ml/1 spsk vand, og tilsæt derefter madfarve og peberessens efter smag. Tilsæt om nødvendigt mere vand for at få en konsistens, der dækker bagsiden af en ske. Pensl småkagerne med glasur og pynt med myntechokolade.

Desserter med rosiner

fra 12

175 g/6 oz/1 kop rosiner

250 ml/8 ml oz/1 kop vand

5 ml/1 tsk bagepulver (bagepulver)

100 g/4 oz/½ kop blødgjort smør eller margarine

100 g/4 oz/½ kop blødt brun farin

1 sammenpisket æg

5 ml/1 tsk vaniljeessens (ekstrakt)

200 g/7 oz/1¾ kop fuldkornshvedemel (all-purpose)

5 ml/1 tsk bagepulver

En smule salt

Bring rosiner, vand og natron i kog i en gryde og kog i 3 minutter. Lad afkøle indtil lunken. Pisk smør, margarine og sukker let og luftigt. Tilsæt æg og vaniljeessens lidt efter lidt. Bland blandingen med rosinerne, bland derefter mel, bagepulver og salt, hæld blandingen i en muffinform (på papir) eller en smurt bageplade og sæt den i en forvarmet ovn ved 180°C/350°F. gas mærke. . 4 Bages i 12-15 minutter, indtil de er hævede og gyldne.

krøllede rosiner

fra den 24

225 g/8 oz/2 kopper universalmel

Lidt krydderiblanding (æblekage) under.

5 ml/1 tsk bagepulver (bagepulver)

225 g/8 oz/1 kop strøsukker (meget fint)

45 ml/3 spsk malede mandler

225 g/8 oz/1 kop smeltet smør eller margarine

45 ml/3 spsk rosiner

1 let pisket æg

Bland de tørre ingredienser, tilsæt det smeltede smør eller margarine, derefter rosiner og æg. Bland godt, indtil du får en tyk pasta. Rul ud på en let meldrysset overflade til en tykkelse på 5 mm og skær i strimler på 5 mm x 20 cm/x 8 tommer. Fugt den øverste overflade let med lidt vand, og sæt derefter hver strimmel sammen i den korte ende. Læg dem på en bageplade med smør (kiks) og bag ved 200°C/400°F/Gas 6 i 15 minutter, indtil de er gyldne.

Brune ris og solsikkekager

fra 12

75 g/3 oz/¾ kop kogte brune ris

50 g/2 oz/½ kop solsikkefrø

25 g/1 oz/¼ kop sesamfrø

40 g rosiner

40 g kirsebær (kandiserede), hakket

25 g/1 oz/2 spsk blødt brun farin

15 ml/1 spsk ren honning

75 g/3 oz/1/3 kop smør eller margarine

5 ml/1 tsk citronsaft

Bland ris, frø og frugt. Smelt sukker, honning, smør, margarine og citronsaft og tilsæt risblandingen. Hæld i 12 kageforme og bag ved 200°C/400°F/Gas 6 i 15 minutter.

stenkager

fra 12

225 g/8 oz/2 kopper universalmel

En smule salt

10 ml / 2 skeer bagepulver

50 g smør eller margarine

50 g/2 oz/¼ kop spæk (forkortet)

100 g/2/3 kop blandede nødder (frugtkageblanding)

100 g/4 oz/½ kop strøsukker

Skal af en halv citron

1 æg

15-30 ml/1-2 spsk mælk

Bland mel, salt og gær og bland derefter smør, margarine og spæk, indtil du har rasp. Bland frugt, sukker og citronskal. Pisk ægget med 15 ml/1 spsk mælk, tilsæt de tørre ingredienser og ælt til du får en fast dej, tilsæt evt mere mælk. Læg små portioner af blandingen på en smurt bageplade (kiks) og bag ved 200°C/400°F/Gas 6 i 15-20 minutter, indtil de er gyldne.

Sukkerfri stenkager

fra 12

75 g/3 oz/1/3 kop smør eller margarine

175 g/6 oz/1¼ kop fuldkornshvedemel (fuldkornshvede)

50 g/2 oz/½ kop havregryn

10 ml / 2 skeer bagepulver

5 ml/1 tsk kanelpulver

100 g/2/3 kop sultanas (rosiner)

Skal af 1 citron

1 let pisket æg

90 ml/6 spsk mælk

Pisk smør eller margarine med mel, bagepulver og kanel, indtil det når en brødkrummekonsistens. Kombiner sultanas og citronskal. Tilsæt æg og mælk efter behov for at lave en blød dej. Læg i en smurt (kiks)form og bag ved 200°C/400°F/Gas 6 i 15-20 minutter, indtil de er gyldne.

Slik med safran

fra 12

En knivspids gurkemejepulver

75 ml/5 spsk kogende vand

75 ml/5 spsk koldt vand

100 g/4 oz/½ kop blødgjort smør eller margarine

225 g/8 oz/1 kop strøsukker (meget fint)

Pisk 2 æg

225 g/8 oz/2 kopper universalmel

10 ml / 2 skeer bagepulver

2,5 ml / ½ tsk salt

175 g/6 oz/1 kop sultanas (rosiner)

175 g/6 oz/1 kop blandede skræl (kandiserede), hakket

Kog safran i kogende vand i 30 minutter og tilsæt derefter koldt vand. Pisk smør, margarine og sukker, indtil det er blødt og luftigt, og tilsæt derefter æggene gradvist. Sigt melet med bagepulver og salt og bland 50 g af melet med mel og fløde. Tilsæt melet til cremen skiftevis med vandet og safran og tilsæt derefter frugten. Hæld i smurte og meldrysede muffinsforme (papir) og bag dem ved 190°C/375°F/Gas 5 i ca. 15 minutter, indtil de er faste at røre ved.

Far med rom

af 8

100 g/1 kop fuldkorn (brød).

5 ml/1 tsk tørgær, let blandet

En smule salt

45 ml/3 spsk varm mælk

Pisk 2 æg

Smelt 50 g smør eller margarine

25 g/3 spsk rosiner

Til siruppen:

250 ml/8 ml oz/1 kop vand

75 g / 3 oz / 1/3 kop pulveriseret sukker

20 ml/4 spsk citronsaft

60 ml / 4 spsk rom

Til glasur og dekoration:

60 ml/4 spsk abrikosmarmelade (fra en krukke), siet (sigtet)

15 ml/1 spsk vand

150 ml/¼ pt/2/3 kop fløde eller fløde

4 glaserede kirsebær (kandiserede), skåret i halve

Assorterede englestrimler, skåret i trekanter

Bland mel, gær og salt i en skål og lav en brønd i midten. Bland mælk, æg og smør eller margarine og tilsæt derefter melet til en blød dej. Hæld dejen i otte smurte og meldryssede forme (pander), så de kun er en tredjedel af ramekins højden. Dæk med bagepapir (papir) og lad stå et lunt sted i 30 minutter, indtil dejen klæber til ramekins. Bages i en forvarmet ovn ved 200°C/400°F/Gas 6 i 15 minutter, indtil de er gyldenbrune. Vend formene på hovedet, og lad dem køle af i 10 minutter, fjern derefter småkagerne fra formene og læg dem på en stor, dyb tallerken. Hak det hele med en gaffel.

For at lave siruppen skal du varme vandet, sukkeret og citronsaften op ved lav varme under omrøring, indtil sukkeret er opløst. Skru op for varmen og bring det i kog. Tag af varmen og bland med rommen, hæld den varme sirup over kiksene og lad hvile i 40 minutter.

Varm marmelade og vand op ved lav varme, indtil det er godt blandet. Lad os male forældrene og lægge dem på en tallerken. Pisk fløden og læg den i midten af hver cupcake. Pynt med kirsebær og angelica.

Spanien

fra den 24

5 æggeblommer

75 g/3 oz/1/3 kop konditorsukker (meget fint)

7 æggehvider

75 g/3 oz/¾ kop majsstivelse (majsstivelse)

50 g/2 oz/½ kop mel (all-purpose)

Pisk æggeblommerne med 15 ml/1 spsk sukker, indtil de er lyse og tykke. Pisk æggehviderne stive, tilsæt resten af sukkeret til dejen er tyk og blank. Tilsæt majsmel med en metalske. Brug en metalske til at blande halvdelen af æggeblommerne med æggehviderne og tilsæt de resterende æggeblommer. Sigt melet forsigtigt, kom blandingen over i en sprøjtepose udstyret med en standard 2,5 cm/1 dyse og form jævnt fordelte runde kager (kiks) på bagepladen. Bages i en forvarmet ovn ved 200°C/400°F/Gas 6 i 5 minutter, og reducer derefter ovntemperaturen til 180°C/350°F/Gas 4 i yderligere 10 minutter, indtil den er gylden og farvet. røre ved

Chokolade svampekage

fra 12

5 æggeblommer

75 g/3 oz/1/3 kop konditorsukker (meget fint)

7 æggehvider

75 g/3 oz/¾ kop majsstivelse (majsstivelse)

50 g/2 oz/½ kop mel (all-purpose)

60 ml/4 spsk abrikosmarmelade (fra en krukke), siet (sigtet)

30 ml/2 spsk vand

1 stykke kogt chokolade topping

150 ml/¼ pt/2/3 kop tung fløde

Pisk æggeblommerne med 15 ml/1 spsk sukker, indtil de er lyse og tykke. Pisk æggehviderne stive, tilsæt resten af sukkeret til dejen er tyk og blank. Tilsæt majsmel med en metalske. Brug en metalske til at blande halvdelen af æggeblommerne med æggehviderne og tilsæt de resterende æggeblommer. Sigt melet forsigtigt, kom blandingen over i en sprøjtepose udstyret med en standard 2,5 cm/1 dyse og form jævnt fordelte runde kager (kiks) på bagepladen. Bages i en forvarmet ovn ved 200°C/400°F/Gas 6 i 5 minutter, og reducer derefter ovntemperaturen til 180°C/350°F/Gas 4 i yderligere 10 minutter, indtil den er gylden og farvet. røre ved

Kog marmelade og vand, indtil det er tykt og godt blandet, og pensl derefter på kiksene. Lad afkøle. Dyp svampekagen i chokoladeglasuren og lad den køle af. Pisk fløden stiv og kom kageparrene sammen med cremen.

Sommer snebolde

fra den 24

100 g/4 oz/½ kop blødgjort smør eller margarine

100 g/4 oz/½ kop strøsukker (meget fint)

5 ml/1 tsk vaniljeessens (ekstrakt)

Pisk 2 æg

225 g/8 oz/2 kopper selvhævende mel (selvhævende)

120 ml / 4 ml oz / ½ kop mælk

120 ml / 4 ml oz / ½ kop tung fløde (tyk)

25 g/1 oz/3 spsk pulveriseret sukker (glasur), sigtet

60 ml/4 spsk abrikosmarmelade (fra en krukke), siet (sigtet)

30 ml/2 spsk vand

150 g/5 oz/1¼ kop revet kokosnød (revet)

Pisk smør eller margarine med sukker, indtil det er glat og luftigt. Tilsæt lidt efter lidt vaniljeessens og æg og skift derefter melet med mælken. Hæld blandingen i de smørsmurte muffinforme og bag ved 180°C/350°F/Gas 4 i 15 minutter, indtil den er godt hævet og fast at røre ved. Overfør til en metalrist til afkøling. Skær toppen af muffinsene af.

Pisk fløde og flormelis stift, hæld over hver muffin og læg låg på. Varm marmelade og vand op til det er blandet, pensl over cupcakes og drys rigeligt med kokosflager.

Svampedråber

fra 12

3 sammenpisket æg

100 g/4 oz/½ kop strøsukker (meget fint)

2,5 ml/½ tsk vaniljeessens (ekstrakt)

100 g/4 oz/1 kop mel (all-purpose)

5 ml/1 tsk bagepulver

100 g/1/3 kop hindbærsyltetøj (fra en krukke)

150 ml/¼ pt/2/3 kop tung fløde (tung), pisket

Sigtet creme til drys (til kagen).

Læg æg, sukker og vaniljeessens i en varmefast skål over en gryde med kogende vand og pisk til det er tykt. Tag skålen af panden og bland melet med pulveret. Læg små skefulde af blandingen på en smurt bageplade (til kiksene) og bag ved 190°C/375°F/Gas 5 i 10 minutter, indtil de er gyldne. Læg på en rist og lad afkøle. Bland med et skvæt marmelade og fløde og drys med flormelis til servering.

Grundlæggende marengs

Gør 6-8

2 æggehvider

100 g/4 oz/½ kop strøsukker (meget fint)

Pisk æggehviderne i en ren, fedtfri skål, indtil der dannes blødt skum. Tilsæt halvdelen af sukkeret og fortsæt med at piske, indtil der dannes stive toppe. Tilsæt forsigtigt det resterende sukker med en metalske. Beklæd en bageplade (til småkager) med bagepapir og læg 6 til 8 bundter marengs ovenpå. Tør marengsene i ovnen ved lavest mulig temperatur i 2 til 3 timer. Lad afkøle på en rist.

Mandel marengs

fra 12

2 æggehvider

100 g flormelis (meget fint)

100 g/1 kop malede mandler

Et par dråber mandelessens (ekstrakt)

12 mandler, skåret i to til pynt

Pisk æggehviderne stive. Tilsæt halvdelen af sukkeret og pisk videre, indtil dejen danner et kraftigt skum. Tilsæt det resterende sukker, malede mandler og mandelekstrakt. Fordel blandingen i 12 skiver på en bageplade, der er smurt med smør og dækket med bagepapir og fordel en halv mandel på hver skive. Bages i en forvarmet ovn ved 130°C/250°F/1/2 gas i 2-3 timer, indtil de er sprøde.

Spanske mandelmarengs cookies

fra 16

225 g/8 oz/1 kop pulveriseret sukker

225 g/8 oz/2 kopper malede mandler

1 æggehvide

100 g/1 kop hele mandler

Pisk sukker, malede mandler og æggehvider til en jævn masse. Form en kugle og flad dejen med en kagerulle. Skær dem i cirkler og læg dem på en smurt bageplade (til småkager). Tryk en hel mandel ind i midten af hver småkage. Bag i ovnen ved 160°C/325°F/Gas 3 i 15 minutter.

Søde marengskurve

af 6

4 æggehvider

225-250 g/8-9 oz/11/3-1½ kopper (flormelis) sukker, sigtet

et par dråber vaniljeessens (ekstrakt)

Pisk æggehviderne i en ren, smurt og bagt skål, til de er skummende og tilsæt lidt efter lidt flormelis og derefter vaniljeessens. Stil en skål over en gryde med kogende vand og pisk indtil marengserne holder formen og efterlader et tykt spor, når du løfter piskeriset. Beklæd en bageplade med bagepapir og tegn seks cirkler med en diameter på 7,5 cm/3. Brug halvdelen af marengsblandingen til at trykke et lag marengs på hver cirkel. Læg resten i en sprøjtepose og rør to lag marengs rundt om kanten af hver bund. Tør i en forvarmet ovn ved 150°C/300°F/Gas 2 i omkring 45 minutter.

Mandelflager

gør 10

2 æggehvider

100 g/4 oz/½ kop strøsukker (meget fint)

75 g/3 oz/¾ kop malede mandler

25 g/1 oz/2 spsk blødgjort smør eller margarine

50 g/1/3 kop flormelis, sigtet

10 ml/2 spsk kakao (usødet chokolade).

50 g/2 oz/½ kop mørk chokolade (halvsød), smeltet

Pisk æggehviderne til de danner faste toppe. Pisk langsomt granuleret sukker i. Drys med hakkede mandler. Brug en 1/2-tommer (spids) spatel, bland i en let olieret 5/2-tommer pande. Bages i en forvarmet ovn ved 140°C/275°F/Gas 1 i 1-1,5 time. Lad afkøle.

Pisk smør eller margarine med flormelis og kakao. Læg kiks (kiks) ovenpå fyldet. Smelt chokoladen i en varmefast skål over en gryde med kogende vand. Dyp toppen af marengsen i chokoladen og lad den køle af på en rist.

Spansk marengs med mandler og citron

til 30

150 g blancherede mandler

2 æggehvider

Skal af en halv citron

200 g/7 oz/1 kop strøsukker (meget fint)

10 ml/2 spsk citronsaft

Bag mandlerne i en forvarmet ovn ved 150°C/300°F/Gas 2 i 30 minutter, indtil de er gyldne og duftende. Hak cirka en tredjedel af nødderne og hak resten fint.

Pisk æggehviderne stive. Tilsæt citronskal og to tredjedele af sukkeret. Tilsæt citronsaft og rør, indtil du har en tyk, blank blanding. Tilsæt det resterende sukker og malede mandler. Tilsæt de malede mandler, top med en skefuld marengspålæg og beklæd med et stykke papir og sæt i den forvarmede ovn. Reducer øjeblikkeligt ovntemperaturen til 110°C/225°F/¼ gasmærke og bag indtil tør, cirka 1 og en halv time.

Chokoladedækket marengs

af 4

2 æggehvider

100 g/4 oz/½ kop strøsukker (meget fint)

100 g/4 oz/1 bar mørk chokolade (halvsød)

150 ml/¼ pt/2/3 kop tung fløde (tung), pisket

Pisk æggehviderne i en ren, fedtfri skål, indtil der dannes blødt skum. Tilsæt halvdelen af sukkeret og fortsæt med at piske, indtil der dannes stive toppe. Tilsæt det resterende sukker med en metalske. Beklæd en bageplade med bagepapir og læg otte bundter marengs ovenpå. Tør marengsene i ovnen ved lavest mulig temperatur i 2 til 3 timer. Lad afkøle på en rist.

Smelt chokoladen i en varmefast skål over en gryde med kogende vand. Lad det køle lidt af. Dyp forsigtigt de fire marengs i chokoladen for at dække ydersiden. Læg på vokspapir, indtil det er stivnet. Læg chokolademarengs og almindelig marengs med fløde og gentag med de resterende marengs.

Chokolade og mynte marengs

fra 18

3 æggehvider

100 g/4 oz/½ kop strøsukker (meget fint)

75 g/3 oz/¾ kop hakket myntechokoladechips

Pisk æggehviderne stive. Tilsæt gradvist sukkeret, indtil hviderne er faste og skinnende. Tilsæt hakket mynte. Hæld blandingen i en smurt (kiks)form og bag ved 140°C/275°F/Gas 1 i 1,5 time, indtil den er tør.

Marengs med chokolade og nødder

fra 12

2 æggehvider

175 g/6 oz/¾ kop strøsukker (meget fint)

50 g/2 oz/½ kop chokoladechips

25 g/1 oz/¼ kop finthakkede valnødder

Forvarm ovnen til 190°C/375°F/gasmærke 5. Pisk æggehviderne, indtil der dannes bløde toppe. Tilsæt sukkeret lidt efter lidt og pisk indtil der dannes faste toppe. Hæld chokolade og nødder i, hæld blandingen i en smurt form og bag. Sluk for ovnen og lad den køle af.

Jordnøddemarengs

fra 12

100 g / 1 kop hver

2 æggehvider

100 g/4 oz/½ kop strøsukker (meget fint)

et par dråber vaniljeessens (ekstrakt)

Reserver 12 valnødder til pynt og hak resten. Pisk æggehviderne stive. Tilsæt halvdelen af sukkeret og pisk videre, indtil dejen danner et kraftigt skum. Tilsæt det resterende sukker, knuste hasselnødder og vaniljeessens. Del blandingen i 12 skiver på en smurt og beklædt bageplade (småkager) og læg en reserveret terning ovenpå hver. Bages i en forvarmet ovn ved 130°C/250°F/1/2 gas i 2-3 timer, indtil de er sprøde.

Valnødde og marengskage

Dette giver 23cm/9

På kagen:

50 g blødgjort smør eller margarine

150 g/5 oz/2/3 kop strøsukker (meget fint)

Knæk 4 æg

100 g/4 oz/1 kop mel (all-purpose)

10 ml / 2 skeer bagepulver

En smule salt

60 ml/4 spsk mælk

5 ml/1 tsk vaniljeessens (ekstrakt)

50 g finthakkede valnødder

Til cremen:

250 ml/8 ml oz/1 kop mælk

50 g flormelis (meget fint)

50 g/2 oz/½ kop mel (all-purpose)

1 æg

En smule salt

120 ml / 4 ml oz / ½ kop tung fløde (tyk)

For at lave dejen piskes smør eller margarine med 100 g sukker, indtil det er let og luftigt. Tilsæt gradvist æggeblommerne, derefter mel, bagepulver og salt, skiftevis med mælk og vaniljeessens. Hæld i en 9/23 cm (blød) kageform smurt med smør og beklædt med bagepapir og jævn overfladen. Pisk æggehviderne stive, tilsæt resten af sukkeret og pisk igen til skummet er blankt. Fordel kagen ovenpå og drys med nødder. Bag i en forvarmet ovn ved

150°C/300°F/Gas 3 i 45 minutter, indtil marengsen er tør. Overfør til en metalrist til afkøling.

For at lave cremen blandes lidt mælk med sukker og mel. Kog resten af mælken op i en gryde, tilsæt sukker og bland. Hæld mælken tilbage i den rene gryde og bring det i kog under konstant omrøring, og kog under konstant omrøring, indtil den er tyk. Tag af varmen, tilsæt æg og salt og lad det køle lidt af. Pisk fløden stiv og tilsæt blandingen. Lad afkøle. Smør kagerne med fløde.

Huriz Maretto skiver

lave 20

175 g/1½ kop hakkede hasselnødder

3 æggehvider

225 g/8 oz/1 kop strøsukker (meget fint)

5 ml/1 tsk vaniljeessens (ekstrakt)

5 ml/1 tsk kanelpulver

5 ml/1 spsk revet citronskal

Rispapir

Hak 12 hasselnødder og hak resten. Pisk æggehviderne let, til de er glatte. Tilsæt sukkeret lidt efter lidt og fortsæt med at piske indtil dejen danner et kraftigt skum. Tilsæt hasselnødder, vaniljeessens, kanel og citronskal. Læg skefulde på en bageplade beklædt med rispapir (kiks) og flad dem i tynde strimler. Lad det hvile i 1 time. Bag i ovnen ved 180°C/350°F/Gas 4 i 12 minutter, indtil de er møre.

Smør et lag med marengs og nødder

Lav en kage med en diameter på 25 cm/10 tommer

100 g/4 oz/½ kop blødgjort smør eller margarine

400 g/14 oz/1¾ kop strøsukker (meget fint)

3 æggeblommer

100 g/4 oz/1 kop mel (all-purpose)

10 ml / 2 skeer bagepulver

120 ml / 4 ml oz / ½ kop mælk

100 g/4 oz/1 kop valnødder

4 æggehvider

250 ml/8 ml oz/1 kop tung fløde (tyk)

5 ml/1 tsk vaniljeessens (ekstrakt)

Kakaopulver (usødet chokolade) til drys

Pisk smør eller margarine med 75 g/¾ kop sukker, indtil det er lyst og luftigt. Tilsæt æggeblommerne lidt efter lidt, derefter mel og gær skiftevis med mælken. Fordel dejen i to smurte og meldryssede forme med en diameter på 25 cm/10 cm. Gem halvdelen af valnødderne til pynt, hak resten fint og drys over småkagerne. Pisk æggehviderne stive, tilsæt resten af sukkeret og pisk igen til det er tykt og blankt. Fordel kiksene og bag dem uden låg ved 180°C/350°F/Gas 4 i 25 minutter, og dæk kagen med køkkenrulle i slutningen af bagningen, hvis marengsen begynder at brune for meget. Lad det køle af i gryden og fjern marengskagerne.

Pisk fløde og vaniljeessens stiv. Læg marengsen ovenpå kagerne, fordel halvdelen af cremen ovenpå og resten ovenpå. Pynt med nødder og drys med sigtet kakao.

Marengsbakker

af 6

2 æggehvider

100 g/4 oz/½ kop strøsukker (meget fint)

150 ml/¼ pt/2/3 kop tung fløde (tyk)

350 g/12 oz jordbær, skåret i skiver

25 g/¼ kop hakket mørk chokolade (halvsød)

Pisk æggehviderne stive. Tilsæt halvdelen af sukkeret og pisk til det er tykt og blankt. Tilsæt resten af sukkeret. Fordel seks marengs på en bageplade. Bages ved 140°C/275°F/Gas 1 i 45 minutter, indtil de er gyldne og sprøde. Interiøret forbliver ret blødt. Tag af panden og lad afkøle på en rist.

Pisk fløden stiv. Hæld eller hæld halvdelen af cremen over marengsen, pynt med frugt, pynt med resten af cremen. Drys hakket chokolade på toppen.

Hindbærmarengscreme

6 værdier

2 æggehvider

100 g/4 oz/½ kop strøsukker (meget fint)

150 ml/¼ pt/2/3 kop tung fløde (tyk)

30 ml/2 spsk flormelis (til bagning)

225 gram hindbær

Pisk æggehviderne i en ren, fedtfri skål, indtil der dannes blødt skum. Tilsæt halvdelen af sukkeret og fortsæt med at piske, indtil der dannes stive toppe. Tilsæt resten af sukkeret og forkæl dig selv med en metalske. Beklæd en bageplade med bagepapir og fyld de små runde på bagepladen med marengs. Tør marengsene i ovnen ved lavest mulige temperatur i 2 timer. Lad afkøle på en rist.

Pisk fløden med flormelis og tilsæt hindbærene. Brug marengs på sandwich og læg på en tallerken.

Ratáfia slik

fra 16

3 æggehvider

100 g/1 kop malede mandler

225 g/8 oz/1 kop strøsukker (meget fint)

Pisk æggehviderne stive. Tilsæt mandlerne og halvdelen af sukkeret og pisk igen, indtil det er fast. Tilsæt resten af sukkeret. Læg minikagerne på en smurt bageplade og bag dem ved 150°C/300°F/Gas 2 i 50 minutter, indtil kanterne er tørre og sprøde.

Vacherin karamel

Dette giver 23cm/9

4 æggehvider

225 g/8 oz/1 kop blødt brun farin

50 g/½ kop hakkede hasselnødder

300 ml/½ kop/1¼ kop tung fløde

Pynt med nogle hele hasselnødder

Pisk æggehviderne, indtil der dannes bløde toppe. Tilsæt sukkeret lidt efter lidt, indtil skummet er hårdt og blankt. Læg marengsen i en 1/2" sprøjtepose og rør to 9"/23 cm spiraler på den smurte marengsform. Drys med 15 ml/1 spsk hakkede valnødder og bag i en forvarmet ovn ved 120°C/250°F/½ gas i 2 timer, indtil de er gyldne. Overfør til en metalrist til afkøling.

Pisk fløden stiv, tilsæt de resterende valnødder, dæk marengsene med det meste af fløden og pynt med den resterende fløde og hele hasselnødder.

Simple kager

gør 10

225 g/8 oz/2 kopper universalmel

En smule salt

2,5 ml/½ tsk bagepulver (pulver)

5 ml/1 tsk creme af tandsten

50 g smør eller margarine, delt

30 ml / 2 spsk mælk

30 ml/2 spsk vand

Bland mel, salt, natron og fløde af tatar. Smør smør med margarine. Tilsæt mælk og vand lidt efter lidt, indtil du får en jævn dej. Rul hurtigt ud på en meldrysset overflade, indtil den er glat, derefter 1 cm/½ tyk og skær med en 5 cm/2 rundskærer. Læg perlerne (kiks) på en bageplade med smør (kiks) og bag dem ved 230 °C / 450 °F / gasniveau 8 i ca. 10 minutter, indtil de er gennemhævede og gyldne.

Æggerige sko

fra 12

50 g smør eller margarine

225 g/8 oz/2 kopper selvhævende mel (selvhævende)

10 ml / 2 skeer bagepulver

25 g/1 oz/2 spsk strøsukker (meget fint)

1 let pisket æg

100 ml / 3 ½ fl oz / 6 ½ spsk mælk

Gnid smør eller margarine med mel og bagepulver. Tilsæt sukker. Bland æg og mælk, indtil du får en blød dej. Rul ud på en let meldrysset overflade til ca. 1 cm/½ tykkelse og skær i 5 cm/2 runde med en kniv. Drej skæret igen og vent. Læg kiksene (kiks) på en bageplade med smør (til kiks) og bag dem i en forvarmet ovn ved 230°C/450°F/gas 8 i 10 minutter eller indtil de er gyldenbrune.

æblekager

fra 12

225 g/8 oz/2 kopper fuldkornshvedemel (fuld hvede)

20 ml/1 ½ tsk bagepulver

En smule salt

50 g smør eller margarine

30 ml/2 spsk revet æble (revet)

1 sammenpisket æg

150 ml/¼ pt./2/3 kop mælk

Bland mel, gær og salt. Smør smørret med margarinen og bland med æblet. Tilsæt æg og mælk lidt efter lidt til en jævn dej. Rul dejen ud på overfladen til den er ca 5 cm/2 tyk og skær den i runde stykker med en kageudstikker. Læg kiksene (kiks) på en bageplade smurt med smør (kiks) og pensl med resten af dejen. Bages i ovnen ved 200°C/400°F/Gas 6 i 12 minutter, indtil de er gyldne.

Æble og kokos kager

fra 12

50 g smør eller margarine

225 g/8 oz/2 kopper selvhævende mel (selvhævende)

25 g/1 oz/2 spsk strøsukker (meget fint)

30 ml/2 spsk revet kokosnød (revet)

1 æble (sødt), skrællet, udkeret og skåret i skiver

150 ml/¼ pt/2/3 kop naturyoghurt

30 ml / 2 spsk mælk

Gnid smør eller margarine med mel. Tilsæt sukker, kokosflager og æble og ælt yoghurten til en jævn dej, tilsæt evt. lidt mælk. Rul lidt mel ud på overfladen til det er ca 2,5 cm/1 tykt og skær det i runde stykker med en kageudstikker. Læg kiksene på en bageplade med smør og bag dem ved 220°C/425°F/Gas 7 i 10-15 minutter, indtil de er pænt brune.

Æbler og dadler

fra 12

50 g smør eller margarine

225 g/8 oz/2 kopper universalmel

5 ml/1 spsk krydderiblanding (æblekage)

5 ml/1 tsk creme af tandsten

2,5 ml/½ tsk bagepulver (pulver)

25 g/1 oz/2 spsk blødt brun farin

1 lille (kage) æble, skrællet, udkeret og skåret i skiver

50 g/1/3 kop hakkede dadler

45 ml / 3 spsk mælk

Gnid smørret eller margarinen ind i melet, krydderiblandingen, cremen af tatar og natron. Tilsæt sukker, æble og dadler, derefter mælken og ælt til du får en blød dej. Kog forsigtigt, rul ud på en meldrysset overflade til en tykkelse på 2,5 cm/1 og skær i cirkler med en kiksefræser. Læg kiksene på en smurt bageplade og bag dem ved 220°C/425°F/Gas 7 i 12 minutter, indtil de er pænt brune.

Byg scener

fra 12

175 g bygmel

50 g/2 oz/½ kop mel (all-purpose)

En smule salt

2,5 ml/½ tsk bagepulver (pulver)

2,5 ml/½ tsk tandsten

25 g/1 oz/2 spsk smør eller margarine

25 g/1 oz/2 spsk blødt brun farin

100 ml / 3 ½ fl oz / 6 ½ spsk mælk

Æggeblomme til topping

Bland mel, salt, natron og fløde af tatar. Pisk smør eller margarine i brødkrummerne og tilsæt sukker og mælk efter behov for at lave en jævn dej. Fordel lidt mel på overfladen til en tykkelse på 2 cm/¾ og skær de formede småkager ud. Læg kiksene (kiks) på en bageplade smurt med smør (kiks) og pensl med æggeblomme. Bag i ovnen ved 220°C/425°F/Gas 7 i 10 minutter, indtil de er gyldne.

Jordbær kokos kage

fra 16

Til dejen (nudler):

50 g/2 oz/¼ kop spæk (forkortet)

50 g smør eller margarine

200 g/7 oz/1¾ kop fuldkornshvedemel (all-purpose)

Cirka 15 ml/1 spsk vand

225 g/2/3 kop jordbærsyltetøj (fra en krukke)

Komplet:

175 g/6 oz/¾ kop blødgjort smør eller margarine

175 g/6 oz/¾ kop strøsukker (meget fint)

Pisk 3 æg

15 ml/1 spsk mel (all-purpose)

Skal af 1 citron

225 g/8 oz/2 kopper revet kokosnød (revet)

For at lave dejen, gnid fedt og smør eller margarine med mel, indtil det bliver til brødkrummer. Bland nok vand til at lave en dej, læg på en let meldrysset overflade og beklæd bunden og siderne af en 30 x 20 cm/12 x 8 schweizerrulle (gelatinerulle). Skær alt med en gaffel. Bogmærker Smør marmeladen på kagen.

For at lave fyldet, pisk smør, margarine og sukker, indtil det er glat og luftigt. Tilsæt æggene lidt efter lidt, bland derefter mel og citronskal, tilsæt kokosflagerne, pensl med marmelade og forsegl kanterne af dejen. Rul den korte dej ud og lav en rist i gryden. Bages ved 190°C/375°F/Gas 5 i 30 minutter, indtil de er gyldne. Skær i firkanter, når de er afkølede.

Brunt sukker og bananbarer

fra 12

75 g/3 oz/1/3 kop smør eller margarine

225 g/8 oz/1 kop blødt brun farin

1 stort æg, let pisket

150 g/5 oz/1¼ kop universalmel

5 ml/1 tsk bagepulver

En smule salt

100 g/4 oz/1 kop chokoladechips

50 g / 2 oz / ½ kop hakkede bananchips

Smelt smør eller margarine, tag af varmen og bland med sukker, lad afkøle. Pisk æggene lidt efter lidt og bland med resten af ingredienserne til du får en meget stiv dej. Hvis det er for stærkt, tilsæt lidt mælk. Hæld i en smurt form på 18 cm og bag ved 140°C/275°F/Gas 1 i 1 time, indtil den er sprød på toppen. Holdes varmt i gryden, skæres i skiver og overføres til en rist for at køle helt af. Blandingen forbliver ret klistret, indtil den er afkølet.

Solsikke nøddebarer

fra 18

150 g/5 oz/2/3 kop smør eller margarine

45 ml/3 spsk ren honning

Et par dråber mandelessens (ekstrakt)

275 g/10 oz/2½ kopper havregryn

25 g / 1 oz / ¼ kop hakkede mandler

25 g/1 oz/2 spsk solsikkekerner

25 g/2 spsk sesamfrø

50 g / 2 oz / 1/3 kop rosiner

Smelt smørret eller margarinen med honningen, tilsæt derefter alle de resterende ingredienser og bland godt. Hæld i en 20/8 cm springform smurt med smør og jævn overfladen. Tryk forsigtigt på blandingen. Bages i en forvarmet ovn ved 190°C/375°F/Gas 5 i 20 minutter. Lad den køle lidt af, skær den i skiver og tag den af panden, når den er afkølet.

cafepladser

fra 16

75 g/3 oz/¾ kop universal mel (all-purpose)

50 g blødgjort smør eller margarine

25 g/1 oz/2 spsk blødt brun farin

En smule salt

1,5 ml/¼ teskefuld bagepulver (pulver)

30 ml / 2 spsk mælk

Komplet:

75 g/3 oz/1/3 kop smør eller margarine

75 g/3 oz/1/3 kop blødt brun farin

25 g/1 oz/¼ kop chokoladechips

Bland alle ingredienserne til dejen, tilsæt nok mælk til at opnå en jævn, flydende konsistens. Anbring i en smurt 9 cm/23 cm firkantet form og bag ved 180°C/350°F/Gas 4 i 15 minutter, indtil de er gyldne.

Ellers smelter du smør, margarine og sukker i en lille gryde, bringer det i kog og koger i 2 minutter under konstant omrøring. Fjern fra bunden og sæt i ovnen i 5 minutter. Drys chokoladedråberne ovenpå og lad det stå til kagen er afkølet. Skær i strimler.

Karamelbakke

fra 16

100 g/4 oz/½ kop blødgjort smør eller margarine

100 g/4 oz/½ kop blødt brun farin

1 æggeblomme

50 g/2 oz/½ kop mel (all-purpose)

50 g/2 oz/½ kop havregryn

Komplet:

100 g/4 oz/1 bar mørk chokolade (halvsød)

25 g/1 oz/2 spsk smør eller margarine

30 ml/2 spsk hakkede valnødder

Pisk smør eller margarine, sukker og æggeblomme til det er glat. Tilsæt mel og havre. Hæld i en smurt 30 x 20 cm/12 x 8 form (geléform) og bag ved 190°C/375°F/Gas 5 i 20 minutter.

For at lave frostingen, smelt chokoladen og smør eller margarine i en varmefast skål over kogende vand. Fordel blandingen over toppen og drys med valnødder. Lad afkøle lidt, skær i stænger og afkøl på bageplade.

Abrikos cheesecake

Dette giver 23cm/9

225 g/8 oz/2 kopper honningkager.

30 ml / 2 spsk blødt brun farin

Smelt 50 g smør eller margarine

Komplet:

15 g/½ ounce/1 tsk pulveriseret gelatine

225 g/8 oz/1 kop strøsukker (meget fint)

250 ml/8 ml oz/1 kop abrikossirup på dåse

90 ml/6 spsk brandy eller abrikos brandy

45 ml/3 spsk citronsaft

Knæk 4 æg

450 g/1 lb/2 kopper blød flødeost

250 ml/8 ml oz/1 kop tung fløde

Komplet:

400g/1 stor abrikossirup, dræn og gem siruppen

90ml/6 spsk abrikosbrandy

30 ml/2 spsk majsstivelse (majsstivelse)

Bland kiks og sukker med det smeltede smør og tryk i bunden af en 9 cm/23 cm springform. Bag i ovnen ved 160°C/335°F/Gas 3 i 10 minutter. Tag ud af ovnen og lad afkøle.

For at forberede fyldet kombineres gelatine og semisukker med abrikossirup, brandy og citronsaft. Kog ved lav varme under konstant omrøring i cirka 10 minutter, indtil det tykner. Tilsæt blommerne, tag dem af varmen og lad dem køle lidt af. Pisk osten til den er jævn. Rør langsomt gelatineblandingen i osten og stil den på køl, indtil den er lidt tyk. Pisk æggehviderne stive, tilsæt resten af sukkeret lidt efter lidt til du får et skinnende skum. Pisk fløden stiv. Bland de to ingredienser med osten og hæld over den bagte bund. Stil i køleskabet i flere timer for at hærde.

Læg abrikoshalvdelene oven på cheesecaken. Opvarm brandy og majsstivelse under omrøring, indtil den er tyk og klar. Lad afkøle lidt og top med abrikoser.

Avocado cheesecake

Forbered en kage, der måler 20 cm i diameter

225 g/8 oz/2 kopper graham cracker krummer

75 g/3 oz/1/3 kop smeltet smør eller margarine

Komplet:

10 ml/2 spsk pulveriseret gelatine

30 ml/2 spsk vand

2 modne avocadoer

Saft af en halv citron

Skal af 1 citron

100 g flødeost

75 g/3 oz/1/3 kop konditorsukker (meget fint)

2 æggehvider

300 ml/½ pt/1¼ kop flødeskum eller fløde

Bland kikskrummerne og smeltet smør eller margarine og beklæd bunden og siderne af en smurt 20 cm/8 cm kageform. Kold.

Drys gelatinen i en skål med vand og lad det blive til en svamp. Placer beholderen i varmt vand og lad det opløses. Lad det køle lidt af. Skræl avocadoen og blend frugtkødet med citronsaft og skal. Pisk ost og sukker. Tilsæt den smeltede gelatine. Pisk æggehviderne stive og vend dem derefter i dejen med en metalske. Pisk halvdelen af fløden stiv og bland med blandingen. Hæld kiksebunden over og stil på køl.

Pisk den resterende fløde stiv og fordel pynten over cheesecaken.

Banankage

Forbered en kage, der måler 20 cm i diameter

75 g/3 oz/1/3 kop smeltet smør eller margarine

175 g / 6 oz / 1½ kopper graham cracker krummer

Komplet:

2 mosede bananer

350 g/12 oz/1½ kopper fast tofu

100 g / 4 oz / ½ kop ost

Revet skal og saft af 1 citron

Citronskiver til pynt

Bland smør eller margarine med de knuste kiks og læg i bunden af en 20/8 cm diameter smurt pande. Bland alle ingredienserne og hæld fra bunden. Lad afkøle i 4 timer før servering og pynt med en citronskive.

Nem caribisk ostekage

Forbered en kage, der måler 20 cm i diameter

75 g/3 oz/1/3 kop smør eller margarine

175 g/6 oz/1¾ kop universalmel

En smule salt

30 ml / 2 spsk koldt vand

400 g/1 stor dåse ananas, drænet og hakket

150 g / 5 oz / 2/3 kop ost

2 æg, adskilt

15 ml/1 spsk rom

Gnid smør eller margarine med mel og salt, indtil det bliver til brødkrummer. Tilsæt nok vand til at lave en pasta (nudler). Vend om og brug til at beklæde en 20 cm/8 tommer flammering. Bland med ananas, ost, æggeblommer og rom. Pisk æggehviderne stive og tilsæt til blandingen. En ske i en æske (skal). Bages i en forvarmet ovn i 200 minutter ved 200°C/400°F/gas 6. Lad bakken køle af, før den tages ud.

Kirsebær med kirsebær

Forbered en kage, der måler 20 cm i diameter

75 g/3 oz/1/3 kop smeltet smør eller margarine

175 g / 6 oz / 1½ kopper graham cracker krummer

Komplet:

350 g/12 oz/1½ kopper fast tofu

100 g / 4 oz / ½ kop ost

Revet skal og saft af 1 citron

400 g/1 stor dåse drænede sorte kirsebær

Bland smør eller margarine med de knuste kiks og læg i bunden af en 20/8 cm diameter smurt pande. Bland tofu, ost, citronsaft og -skal, tilsæt derefter kirsebærene og hæld over bunden. Stil på køl i 4 timer før servering.

Kokos og abrikos cheesecake

Forbered en kage, der måler 20 cm i diameter

På kagen:

200 g/7 oz/1¾ kop revet kokosnød (revet)

75 g/3 oz/1/3 kop smeltet smør eller margarine

Komplet:

120 ml/4 ml oz/½ kop kondenseret mælk

30 ml/2 spsk citronsaft

250 g/1 flødeost

120 ml / 4 ml oz / ½ kop tung fløde (tyk)

Komplet:

5 ml/1 spsk pulveriseret gelatine

30 ml/2 spsk vand

100 g/1/3 kop abrikosmarmelade (fra en krukke), drænet

30 ml/2 spsk rørsukker (meget fint)

Rist kokosnødden i en slip-let pande, til den er gylden. Tilsæt smør eller margarine og tryk blandingen i en 20 cm kagedåse. Kold.

Bland kondenseret mælk og citronsaft, tilsæt flødeost, pisk fløden stiv og bland med dejen. Hæld over kokosbunden.

Bland gelatine og vand i en gryde ved meget svag varme og bland geléen med sukkeret i et par minutter, indtil den er let og godt blandet. Hæld fyldet i, lad det køle af og stil det på køl.

Blåbær cheesecake

Dette giver 23cm/9

100 g/1 kop graham cracker krummer

Smelt 50 g smør eller margarine

225 g blåbær, vasket og afdryppet

150 ml / ¼ pt. / 2/3 kop vand

150 g/5 oz/2/3 kop strøsukker (meget fint)

15 g/½ ounce/1 tsk pulveriseret gelatine

60 ml/4 spiseskefulde vand

225 g/8 oz/1 kop flødeost

175 g/6 oz/¾ kop ost

5 ml/1 tsk vaniljeessens (ekstrakt)

Bland småkagekrummerne og smeltet smør og hæld i bunden af en smurt 9/9-tommer pande. Kold.

Kom blåbærene, 150 ml/¼ kop/2/3 kop vand og sukker i en gryde og bring det i kog. Kog i 10 minutter, rør af og til. Hæld gelatinen i en skål med 60 ml/4 spsk vand og lad det blødgøre. Placer beholderen i varmt vand og lad det opløses. Bland gelatinen med tranebærene, tag den af varmen og lad den køle lidt af. Bland oste og vaniljeessens. Hæld blandingen i bunden og fordel jævnt. Stil i køleskabet i flere timer for at hærde.

ingefær cheesecake

900g/2lbs for dejen

275 g/10 oz/2 ½ kopper honningkagekrummer

100 g/4 oz/½ kop smeltet smør eller margarine

225 g/8 oz/1 kop flødeost

150 ml/¼ pt/2/3 kop tung fløde (tyk)

100 g/4 oz/½ kop strøsukker (meget fint)

15 ml/1 spsk revet ingefærstængel

15 ml/1 spsk brandy eller ingefærsirup

2 æg, adskilt

1 citronsaft

15 g/½ ounce/1 tsk pulveriseret gelatine

Bland kiksene med smørret. Bland flødeost, fløde, sukker, ingefær og brandy eller ingefærsirup. Pisk æggeblommerne. Hæld citronsaften i gryden og drys gelatinen over. Kog i et par minutter og smelt derefter ved svag varme. Lad være med at lave mad. Pisk æggehviderne til de er bløde. Bland godt med 15 ml/1 spsk osteblanding. Fold resten forsigtigt. Hæld halvdelen af blandingen i en let smurt 900g gryde. Drys halvdelen af enhedsdejen jævnt. Tilføj endnu et lag af den resterende kiks og osteblanding. Lad det stå i køleskabet et par timer. Dyp formen i kogende vand i et par sekunder, dæk med en tallerken og tag den ud af formen klar til servering.

Ingefær og citron cheesecake

Forbered en kage, der måler 20 cm i diameter

175 g/1½ kop honningkager (kiks)

Smelt 50 g smør eller margarine

15 g/1 ske gelatine

30 ml / 2 spsk koldt vand

2 citroner

100 g / 4 oz / ½ kop ost

100 g flødeost

50 g flormelis (meget fint)

150 ml/¼ pt/2/3 kop naturyoghurt

150 ml/¼ pt/2/3 kop tung fløde (tyk)

Bland småkagekrummer med smør eller margarine. Tryk blandingen ned i bunden af en 20 cm/8 flad ring. Drys gelatinen med vand og opløs den i en lille gryde med varmt vand. Skær tre strimler citronskal. Riv det resterende skal af to citroner. Skær citronerne i skiver, fjern kerner og skræl og purér frugtkødet i en foodprocessor eller blender. Tilsæt osten og bland. Tilsæt sukker, yoghurt og fløde og bland igen. Tilsæt gelatinen. Hæld fra bunden og stil på køl til det tykner. Pynt med citronskal.

Cheesecake med hasselnødder og honning

Dette giver 23cm/9

175 g / 6 oz / 1½ kopper graham cracker krummer

75 g/3 oz/1/3 kop smeltet smør eller margarine

100 g / 1 kop hver

225 g/8 oz/1 kop flødeost

60 ml/4 spsk ren honning

2 æg, adskilt

15 g/½ ounce/1 tsk pulveriseret gelatine

30 ml/2 spsk vand

250 ml/8 ml oz/1 kop tung fløde (tyk)

Bland kiksene med smørret og hæld dejen i bunden af en 23/9 cm kageform. Lad nogle hasselnødder stå til pynt og hak resten. Bland flødeost, honning og æggeblommer og bland godt. Drys imens gelatinen med vand og stil til side, indtil den bliver svampet. Sæt skålen i det varme vand og rør til det er opløst. Tilsæt flødeostblandingen. Pisk æggehviderne stive og vend dem forsigtigt i blandingen. Hæld i køleskabet og afkøl. Pynt med hele hasselnødder.

Ostekage med vindruer og ingefær

Dette giver 23cm/9

3 stykker ingefærrod, skåret i tynde skiver

50 g / 2 oz / ¼ kop pulveriseret sukker

75 ml / 5 spiseskefulde vand

225 g aubergine

2 oz / 50 g / 1/2 pakke gelé med citronsmag

15 g/½ ounce/1 tsk pulveriseret gelatine

Revet skal og saft af en halv citron

225 g/8 oz/1 kop flødeost

75 g/3 oz/1/3 kop konditorsukker (meget fint)

2 æg, adskilt

300 ml/½ kop/1¼ kop tung fløde

75 g/3 oz/1/3 kop smeltet smør eller margarine

175 g/1½ kop honningkager (kiks)

Smør og beklæd en 9/23 cm kageform. Læg ingefærstilken på den nederste kant. Opløs perlesukker i vand i en gryde og bring det i kog. Tilsæt auberginerne og kog indtil de er møre, cirka 15 minutter. Fjern auberginerne fra siruppen med en ske og læg dem i midten af den tilberedte bageform. Mål siruppen og konverter til 275 ml/9 fl oz/scanningsvand. Sæt den over svag varme og rør gelatinen i, indtil den er opløst. Fjern fra varmen og lad det stå, indtil det begynder at tykne. Hæld auberginerne over og stil dem i køleskabet for at stivne.

Hæld gelatinen i en skål med 45 ml/3 spsk citronsaft og lad det tykne. Placer beholderen i varmt vand og lad det opløses. Pisk osten med citronskal, flormelis, æggeblommer, gelatine og halvdelen af fløden. Pisk den resterende fløde, til den er tyk, og vend den ind i blandingen. Pisk æggehviderne stive og tilsæt dem langsomt. Hæld i forme og stil i køleskabet for at stivne.

Bland smør eller margarine med småkagerne og drys over cheesecaken. Tryk let for at fastgøre bunden. Stil på køl til den er fast.

Dyp bunden af gryden i varmt vand i et par sekunder, kør en kniv rundt om kanten af cheesecaken og læg den på en tallerken.

Let lemon curd

Forbered en kage, der måler 20 cm i diameter

til basen:

50 g smør eller margarine

50 g flormelis (meget fint)

100 g/1 kop graham cracker krummer

Komplet:

225 g/8 oz/1 kop blød hel ost

2 æg, adskilt

100 g/4 oz/½ kop strøsukker (meget fint)

Skal af 3 citroner

150 ml/¼ pt/2/3 kop tung fløde (tyk)

1 citronsaft

45 ml/3 spsk vand

15 g/½ ounce/1 tsk pulveriseret gelatine

Komplet:

45 ml/3 spsk citronskal

For at forberede bunden skal du smelte smør, margarine og sukker ved lav varme. Bland småkagekrummerne i. Åbn bunden af en 20 cm/8 firkantet form (kageplade) og stil den i køleskabet.

For at lave fyldet blødgøres osten i en stor skål. Pisk æggeblommerne med halvdelen af sukkeret, citronskal og fløde. Kom citronsaft, vand og gelatine i en skål og opløs i varmt vand. Tilsæt osteblandingen og lad den køle af. Pisk æggehviderne stive og tilsæt det resterende flormelis. Bland forsigtigt men godt med osteblandingen. Hæld i bunden og plan overfladen. Stil i køleskabet i 3-4 timer, indtil det er kogt. Smør til sidst citroncremen ud.

Cheesecake med citron og granola

Forbered en kage, der måler 20 cm i diameter

175 g / 6 oz / generøs 1 kop granola

75 g/3 oz/1/3 kop smeltet smør eller margarine

Finrevet skal og saft af 2 citroner

15 g/½ ounce/1 tsk pulveriseret gelatine

225 g/8 oz/1 kop flødeost

150 ml/¼ pt/2/3 kop naturyoghurt

60 ml/4 spsk ren honning

2 æggehvider

Bland granolaen med smør og margarine og læg den i bunden af en smurt 20 cm gryde. Fedt at fokusere på.

Tilbered citronsaft i 150 ml/¼ pt/2/3 kop vand. Drys gelatinen ovenpå og lad den blive blød. Stil skålen i det varme vand og varm forsigtigt op, indtil gelatinen er opløst. Bland citronskal, ost, yoghurt og honning, tilsæt derefter gelatinen, pisk æggehviderne stive og vend forsigtigt i osteblandingen. Hæld i bunden og lad det køle af.

Ostekage med ost

Forbered en kage, der måler 20 cm i diameter

200 g / 7 oz / 1¾ kopper graham cracker krummer

75 g/3 oz/1/3 kop smeltet smør eller margarine

Komplet:

275 g/10 oz/1 stor mandarin, drænet

15 g/½ ounce/1 tsk pulveriseret gelatine

30 ml/2 spsk varmt vand

150 g / 5 oz / 2/3 kop ost

150 ml/¼ pt/2/3 kop naturyoghurt

Bland kiksekrummerne med smør eller margarine og tryk let ned i bunden af en 20 cm gryde. Kold. Pisk mandarinerne med bagsiden af en ske. I en lille skål, drys gelatinen med vand og lad den stå til den er svampet. Læg beholderen i kogende vand og lad det opløses. Bland mandariner, ricotta og yoghurt. Tilsæt gelatine. Hæld blandingen i bunden og stil i køleskabet for at stivne.

Cheesecake med citron og valnødder

Forbered en kage, der måler 20 cm i diameter

til basen:

225 g/8 oz/2 kopper graham cracker krummer

25 g/1 oz/2 spsk strøsukker (meget fint)

5 ml/1 tsk kanelpulver

Smelt 50 g smør eller margarine

Komplet:

15 g/½ ounce/1 tsk pulveriseret gelatine

30 ml / 2 spsk koldt vand

2 æg, adskilt

100 g/4 oz/½ kop strøsukker (meget fint)

350 g/12 oz/1 ½ kopper fuldfed blød ost

Revet skal og saft af 1 citron

150 ml/¼ pt/2/3 kop tung fløde (tyk)

25 g / 1 oz / ¼ kop hakkede blandede nødder

Bland småkage, sukker og kanel med smør og margarine. Beklæd bunden og siderne af en 20 cm kageform (på en bageplade). Kold. For at lave fyldet, opløs gelatinen i en lille skål med vand. Sæt skålen i det varme vand og rør, indtil gelatinen er opløst. Fjern fra varmen og lad afkøle lidt. Pisk æggeblommer og sukker. Stil skålen over gryden med kogende vand og fortsæt med at røre, indtil blandingen er tyk og blank. Fjern fra varmen og rør, indtil det er gennemvarmet. Tilsæt ost, citronskal og saft, pisk fløden stiv og tilsæt nøddeblandingen. Tilsæt forsigtigt gelatinen. Pisk æggehviderne stive og tilsæt til blandingen. Hæld i bunden og stil på køl et par timer eller natten over inden servering.

Citron cheesecake

8 værdier

til basen:

40 g/1½ ounce/2 spsk ren honning

50 g/2 oz/¼ kop demerara sukker

225 g/8 oz/2 kopper havregryn

100 g/4 oz/½ kop smeltet smør eller margarine

Komplet:

225 g/8 oz/1 kop ost

250 ml/8 ml oz/1 kop almindelig yoghurt

2 æg, adskilt

50 g flormelis (meget fint)

Riv og saft 2 citroner

15 g/½ ounce/1 tsk pulveriseret gelatine

30 ml / 2 spsk kogende vand

Bland honning, demerara sukker og havre med smør og margarine. Tryk i bunden af en smurt 20 cm diameter gryde.

Ost, fløde, æggeblommer, sukker og citronskal blandes for at forberede fyldet. Drys gelatinen med citronsaft og varmt vand og lad det opløses. Opvarm det varme vand i en gryde, indtil det bliver gennemsigtigt, tilsæt det derefter til blandingen og pisk forsigtigt, indtil det begynder at tykne. Pisk æggehviderne til de er bløde og vend dem derefter i blandingen. Hæld den forberedte bund over og lad den stivne.

São Clemente Cheesecake

Forbered en kage, der måler 20 cm i diameter

50 g smør eller margarine

100 g/1 kop graham cracker krummer

2 æg, adskilt

En smule salt

100 g/4 oz/½ kop strøsukker (meget fint)

45 ml/3 spsk appelsinjuice

45 ml/3 spsk citronsaft

15 g/1 ske gelatine

30 ml / 2 spsk koldt vand

350 g/12 oz/1½ kopper hytteost, drænet

150 ml/¼ pt/2/3 kop tung fløde (tung), pisket

1 appelsin skrællet og skåret i skiver

Smør en kageform med en diameter på 20/8 cm med smør og drys med kiks. Pisk æggeblommerne med salt og halvdelen af sukkeret, til det er tykt og cremet. Kom appelsin- og citronsaften i en skål og rør det varme vand over skålen, indtil blandingen tykner og dækker bagsiden af en ske. Opløs gelatinen i koldt vand og varm lidt op til en sirup. Hæld frugtjuiceblandingen i og lad den køle af, mens der røres af og til. Tilsæt ricotta og fløde. Pisk æggehviderne stive, tilsæt derefter det resterende sukker, bland med cheesecakeblandingen og hæld i gryden. Stil på køl til den er fast. Fjern gryden og drys løse brødkrummer ovenpå. Server med appelsinskiver.

påske

Dette giver 23cm/9

450 g/1 lb/2 kopper flødeost

100 g/4 oz/½ kop blødgjort smør eller margarine

150 g/5 oz/2/3 kop strøsukker (meget fint)

150 ml/¼ pt/2/3 kop fløde (mælkekage)

175 g/6 oz/1 kop sultanas (rosiner)

50 g/2 oz/¼ kop frosne kirsebær (sødet).

100 g / 4 oz / 1 kop mandler

50 g/1/3 kop blandet skræl (kandiseret), hakket

Bland ost, smør eller margarine, sukker og yoghurt, indtil det er glat. Bland resten af ingredienserne. Hæld i savarini-forme, dæk til og stil på køl natten over. Dyp gryden i varmt vand i et par sekunder, kør en kniv rundt om kanten af gryden og læg på cheesecake-tallerkenen. Lad afkøle inden servering.

Simpel cheesecake med ananas

Lav en kage med en diameter på 25 cm/10 tommer

225 g/8 oz/1 kop smør eller margarine

225 g/8 oz/2 kopper graham cracker krummer

450 g/1 lb/2 kopper ost

1 sammenpisket æg

5 ml/1 spsk mandelessens (ekstrakt)

15 ml/1 spsk rørsukker (meget fint)

25 g/1 oz/¼ kop malede mandler

100 g hakket dåse ananas

Smelt halvdelen af smørret eller margarinen og tilsæt de knuste kiks. Tryk i bunden af en 25 cm/10 kvadratmeter form og lad den køle af. Pisk det resterende smør eller margarine med ost, æg, mandelessens, sukker og malede mandler. Tilsæt ananas. Fordel over kiksebunden og stil på køl i 2 timer.

Ananas cheesecake

Forbered en kage, der måler 20 cm i diameter

75 g/3 oz/1/3 kop smeltet smør eller margarine

175 g / 6 oz / 1½ kopper graham cracker krummer

15 g/½ ounce/1 tsk pulveriseret gelatine

425 g/15 oz/1 stor ananas med naturlig juice, dræn og sæt til side

3 æg, adskilt

75 g/3 oz/1/3 kop konditorsukker (meget fint)

150 ml/¼ pt/2/3 kop fløde (let)

150 ml/¼ pt/2/3 kop tung fløde (tyk)

225 g/8 oz/2 kopper revet cheddarost

150 ml/¼ pt./2/3 kop mælk

150 ml/¼ pt/2/3 kop tung fløde

Bland smør eller margarine med kiks og tryk let ned i bunden af en 20 cm gryde. Stil på køl til den er fast.

Bland gelatinen i en skål med de reserverede 30 ml/2 spsk ananasjuice og lad det brune. Lad ananassen pynte lidt, hak så resten og læg ovenpå kiksebunden. Placer beholderen i varmt vand og lad det opløses. Pisk æggeblommer, sukker og 150 ml/¼ del/2/3 kop ananasjuice i en varmefast skål, indtil kogevandet tykner og skiller sig fra låget. Fjern fra varmen. Pisk fløde og fløde tykt, tilsæt ost og mælk og bland æggemassen med gelatine. Lad afkøle. Pisk æggehviderne stive og vend dem forsigtigt i blandingen.

Læg cremen og rosetten oven på kagen og pynt med den reserverede ananas.

rosin cheesecake

8 værdier

til basen:

100 g/4 oz/½ kop smør eller margarine

40 g/1½ ounce/2 spsk ren honning

50 g/2 oz/¼ kop demerara sukker

225 g/8 oz/2 kopper havregryn

Komplet:

225 g/8 oz/1 kop ost

150 ml/¼ pt/2/3 kop naturyoghurt

150 ml/¼ pt/2/3 kop fløde (mælkekage)

50 g / 2 oz / 1/3 kop rosiner

15 g/½ ounce/1 tsk pulveriseret gelatine

60 ml/4 spsk kogende vand

Smelt smør eller margarine og tilsæt honning, sukker og havre. Tryk i bunden af en smurt 20 cm diameter gryde.

For at lave fyldet, læg osten i en skål og bland med yoghurt og fløde. Bland rosinerne i. Hæld gelatinen i det varme vand og lad det opløses. Opvarm det varme vand i en gryde, indtil det bliver gennemsigtigt, tilsæt det derefter til blandingen og pisk forsigtigt, indtil det begynder at tykne. Hæld den forberedte bund over og lad den stivne.

Hindbær cheesecake

Form en kage med en diameter på 15 cm

75 g/3 oz/1/3 kop smeltet smør eller margarine

175 g / 6 oz / 1½ kopper graham cracker krummer

3 æg, adskilt

300 ml/½ pt/1¼ kop mælk

25 g/1 oz/2 spsk strøsukker (meget fint)

15 g/1 ske gelatine

30 ml / 2 spsk koldt vand

225 g/8 oz/1 kop flødeost, fortyndet

Revet skal og saft af en halv citron

450 g hindbær

Bland smør eller margarine med kiks og læg i bunden af en 15 cm bred pande. Lad det køle af, mens du forbereder fyldet.

Pisk æggeblommerne, kom dem i en gryde med mælken og varm op ved svag varme under konstant omrøring, indtil cremen tykner. Tag af varmen og tilsæt sukker, hæld det varme vand over gelatinen og lad det opløses. Varm en skål med varmt vand op til det er klart og tilsæt flødeost, citronskal og saft. Pisk æggehviderne til de danner et kraftigt skum, tilsæt dejen og hæld over bunden. At ride på kulden. Pynt med hindbær inden servering.

Siciliansk cheesecake

Lav en kage med en diameter på 25 cm/10 tommer

900 g / 2 lb / 4 kopper ost

100 g/2/3 kop flormelis (til konditorer)

5 ml/1 tsk revet appelsinskal

100 g/1 kop hakket mørk chokolade (halvsød)

275 g/10 oz hakket frugt

275 g/10 oz kiks eller kiks, skåret i skiver

175 ml / 6 ml oz / ¾ kop rom

Pisk ricottaen med halvdelen af sukkeret og appelsinskalen. Reserver 15 ml/1 spsk til chokolade- og frugtpynt og tilsæt resten af blandingen. Beklæd en kageform med en diameter på 25 cm/10 (tebac) med aluminiumsfolie. Dyp kiksene eller ægget for at fugte rommen og brug det til at dække bunden og siderne af gryden. Fordel osten i midten af dejen. Dyp de resterende kiks i rom og top med osteblanding. Dæk med alufolie (papir) og tryk. Stil i køleskabet i 1 time for at hærde. Fjern formen med husholdningsfilm, drys det resterende sukker ovenpå og pynt med den reserverede chokolade og frugt.

yoghurt med ostetopping

Dette giver 23cm/9

til basen:

2 æg

75 g/3 oz/¼ kop ren honning

100 g/4 oz/1 kop fuldkornshvedemel (fuldkornshvede)

10 ml / 2 skeer bagepulver

et par dråber vaniljeessens (ekstrakt)

Komplet:

25 g/1 oz/2 spsk pulveriseret gelatine

30 ml/2 spsk rørsukker (meget fint)

75 ml / 5 spiseskefulde vand

225 g/8 oz/1 kop almindelig yoghurt

225 g/8 oz/1 kop blød flødeost

75 g/3 oz/¼ kop ren honning

250 ml/8 ml oz/1 kop tung fløde

Komplet:

100 gram hindbær

45 ml/3 spsk marmelade (fra en krukke)

15 ml/1 spsk vand

For at forberede bunden skal du piske æg og honning til skum. Bland lidt efter lidt mel, gær og vaniljeessens, indtil du får en jævn dej. Vend ud på en let meldrysset overflade og læg i bunden af en smurt 23/9 cm diameter pande (pasta pande). Bages i en forvarmet ovn i 200 minutter ved 200°C/400°F/gas 6. Tag ud af ovnen og lad den køle af.

For at lave fyldet, opløs gelatine og sukker i en lille skål med vand og lad blandingen stå i en gryde med varmt vand, indtil den er gennemsigtig. Tag op af vandet og lad det køle lidt af. Bland yoghurt, flødeost og honning godt sammen. Pisk fløden stiv. Hæld fløden i yoghurtmassen, hæld derefter gelatinen, hæld den i bunden og lad den stivne.

Arranger hindbærene i et smukt mønster. Opløs marmeladen i vand og passer gennem en sigte (filter). Vask toppen af cheesecaken og lad den køle af inden servering.

Jordbær cheesecake

Forbered en kage, der måler 20 cm i diameter

100 g/1 kop graham cracker krummer

25 g/2 spsk demerara sukker

Smelt 50 g smør eller margarine

15 ml/1 spsk pulveriseret gelatine

45 ml/3 spsk vand

350 g / 12 oz / 1½ kop ost

50 g flormelis (meget fint)

Revet skal og saft af 1 citron

2 æg, adskilt

300 ml/½ kop/1¼ kop fløde (let)

100 g snittede jordbær

120 ml/4 ml oz/½ kop dobbelt creme (tung), pisket

Kombiner småkagekrummer, strøsukker og smør eller margarine og tryk i bunden af en 8-tommer pande. Stil på køl til den er fast.

Drys gelatinen med vand og lad den blive til en svamp. Stil skålen i det varme vand og lad den hvile. Bland ost, sukker, citronskal og -saft, æggeblommer og fløde. Tilsæt gelatine. Pisk æggehviderne stive og vend dem derefter i osteblandingen. Hæld i køleskabet og afkøl.

Læg jordbærene oven på cheesecaken og pensl kanterne med creme til pynt.

Cheesecake og Sultan Raki

Forbered en kage, der måler 20 cm i diameter

100 g/2/3 kop sultanas (rosiner)

45 ml/3 spsk brandy

100 g/4 oz/½ kop blødgjort smør eller margarine

100 g/4 oz/½ kop blødt brun farin

75 g/3 oz/¾ kop universal mel (all-purpose)

75 g/3 oz/¾ kop malede mandler

2 æg, adskilt

225 g/8 oz/1 kop flødeost

100 g/½ kop ost (blød ost)

et par dråber vaniljeessens (ekstrakt)

150 ml/¼ pt/2/3 kop tung fløde (tyk)

Læg sultanas i en gryde med brandy og kog indtil de bliver kødfulde. Flød smørret eller margarinen og 50 g/2 oz/¼ kop sukker til det er lyst og luftigt. Bland mel og malede mandler og bland det hele. Hæld i en smurt og meldrysset form på 20 cm/8 cm og bag ved 180°C/350°F/Gas 4 i 12 minutter, indtil de er gyldne. Lad afkøle.

Pisk æggeblommerne med halvdelen af det resterende sukker. Tilsæt oste, vaniljeessens, sultanas og brandy, pisk fløden stiv og vend det ind i blandingen. Pisk æggehviderne stive, tilsæt resten af sukkeret og pisk igen til skummet er blankt. Tilsæt osten til blandingen. Hæld den kogte bund over og stil den i køleskabet for at hærde i et par timer.

Bagt ostekage

Forbered en kage, der måler 20 cm i diameter

Smelt 50 g smør eller margarine

225 g/8 oz/2 kopper graham cracker krummer

225 g/8 oz/1 kop ost

100 g/4 oz/½ kop strøsukker (meget fint)

3 æg, adskilt

25 g/1 oz/¼ kop majsstivelse (majsstivelse)

2,5 ml/½ tsk vaniljeessens (ekstrakt)

400 ml/14 fl oz/1¾ kop tung fløde (mælkekage)

Pisk smør eller margarine med de knuste kiks og læg i bunden af en 20/8 cm kagedåse. Bland alle de resterende ingredienser undtagen æggehvide. Pisk æggehviderne stive, tilsæt blandingen og hæld over kiksebunden. Bages i en forvarmet ovn ved 150°C/300°F/Gas 3 i 1,5 time. Sluk for ovnen og åbn lågen lidt. Lad mælken stå i ovnen, indtil den er afkølet.

Bagt ost

fra 16

75 g/3 oz/1/3 kop smør eller margarine

100 g/4 oz/1 kop mel (all-purpose)

75 g/3 oz/1/3 kop blødt brun farin

50 g/½ kop hakkede valnødder

225 g/8 oz/1 kop flødeost

50 g flormelis (meget fint)

1 æg

30 ml / 2 spsk mælk

5 ml/1 tsk citronsaft

2,5 ml/½ tsk vaniljeessens (ekstrakt)

Gnid smørret eller margarinen ind i melet, indtil det danner brødkrummer. Tilsæt brun farin og valnødder. Pres hele 100 g/1 kop blandingen i en smurt 20 cm form. Bages ved 180°C/350°F/Gas 4 i 15 minutter, indtil de er gyldne.

Pisk flødeost og sukker til det er glat. Bland æg, mælk, citronsaft og vaniljeessens. Fordel blandingen i gryden og dryp med den reserverede jordnøddesmørblanding. Bages i yderligere 30 minutter, indtil overfladen er let gylden. Lad afkøle, stil på køl og server koldt.

Amerikansk cheesecake

Dette giver 23cm/9

175 g / 6 oz / 1½ kopper graham cracker krummer

15 ml/1 spsk rørsukker (meget fint)

Smelt 50 g smør eller margarine

Komplet:

450 g/1 lb/2 kopper flødeost

450 g/1 lb/2 kopper ost

250 g/9 oz/pakke 1 kop strøsukker (meget fint)

10 ml/2 tsk vaniljeessens (ekstrakt)

Knæk 5 æg

400 ml/14 ml oz/1 stor dåse inddampet mælk

120 ml / 4 ml oz / ½ kop tung fløde (tyk)

30 ml / 2 spsk mel (all-purpose)

En smule salt

15 ml/1 spsk citronsaft

Bland kiks og sukker med det smeltede smør og læg i bunden af en 9/23 cm kageform.

For at lave fyldet, bland ostene, bland derefter sukker og vaniljeessens, tilsæt æggeblommerne, derefter den inddampede mælk, fløde, mel, salt og citronsaft. Pisk æggehviderne stive og vend dem forsigtigt i blandingen. Hæld i formen og bag ved 180°C/350°F/Gas 4 i 45 minutter. Lad det køle langsomt af og stil det på køl inden servering.

Hollandsk cheesecake bagt med æbler

Forbered en kage, der måler 20 cm i diameter

100 g/4 oz/½ kop smør eller margarine

175 g / 6 oz / 1½ kopper graham cracker krummer

2 spiseæbler (dessert), skrællet, kernet og skåret i skiver

100 g/2/3 kop sultanas (rosiner)

225 g/8 oz/2 kopper revet Gouda ost

25 g/1 oz/¼ kop mel (all-purpose)

75 ml / 5 spsk fløde (let)

2,5 ml/½ teskefuld malet krydderiblanding (æblekage).

Revet skal og saft af 1 citron

3 æg, adskilt

100 g/4 oz/¾ kop strøsukker (meget fint)

2 rødskallede æbler, kernet og skåret i skiver

30 ml/2 spsk abrikosmarmelade (fra en krukke), drænet (silet)

Smelt halvdelen af smørret eller margarinen og tilsæt de knuste kiks. Tryk dejen let ned i bunden af en 20 cm/8 tommer kageform. Smelt det resterende smør og steg (steg) æblerne, indtil de er bløde og gyldne. Dræn det overskydende fedt, lad det køle lidt af, fordel kiksebunden og drys sultanasene over. .

Bland ost, mel, fløde, krydderiblanding, citronsaft og fløde. Bland æggeblommerne med sukkeret og bland med osteblandingen til en jævn masse. Pisk æggehviderne stive og tilsæt til blandingen. Hæld i den forberedte form og bag ved 180°C/350°F/Gas 4 i 40 minutter, indtil den er sat i midten. Lad det køle af i gryden.

Arranger æbleskiverne i cirkler ovenpå kagen. Varm marmeladen op og pensl den over æblerne, så den breder sig.

Ostekage med abrikoser og ristede hasselnødder

Til 18 cm/7

75 g/3 oz/1/3 kop smør eller margarine

100 g/4 oz/1 kop mel (all-purpose)

100 g/4 oz/½ kop strøsukker (meget fint)

25 g/1 oz/¼ kop malede hasselnødder

30 ml / 2 spsk koldt vand

100 g/2/3 kop spiseklare tørrede abrikoser, hakkede

Revet skal og saft af 1 citron

100 g/½ kop ost (blød ost)

100 g flødeost

25 g/1 oz/¼ kop majsstivelse (majsstivelse)

2 æg, adskilt

15 ml/1 spsk pulveriseret sukker (til bagning)

Gnid smørret eller margarinen ind i melet, indtil det danner brødkrummer. Bland halvdelen af sukker og hasselnødder og tilsæt nok vand til at lave en stiv pasta (nudler). Åbn og brug den smurte 18cm/7 bundring. Fordel abrikoserne i bunden. Blend citronskal og -saft og oste i en foodprocessor eller blender. Bland det resterende sukker, majsstivelse og æggeblommer, indtil du får en homogen og cremet blanding. Pisk æggehviderne stive, tilsæt dem derefter til dejen og fordel dem over nudlerne. Bag i ovnen ved 180°C/350°F/Gas 4 i 30 minutter, indtil de er gyldne. Lad køle lidt af, drys med flormelis og server varm eller kold.

Bagt abrikos og appelsin cheesecake

8 værdier

Til dejen (nudler):

75 g/3 oz/1/3 kop smør eller margarine

175 g/6 oz/1½ kopper mel (all-purpose)

En smule salt

30 ml/2 spsk vand

Komplet:

225 g / 8 oz / 1 kop ricotta (blød ricotta)

75 ml/5 spsk mælk

2 æg, adskilt

30 ml/2 spsk ren honning

3 dråber appelsinessens (ekstrakt)

Skal af 1 appelsin

25 g/1 oz/¼ kop mel (all-purpose)

75 g/3 oz/½ kop hakkede abrikoshalvdele

Gnid smør eller margarine med mel og salt, indtil det bliver til brødkrummer. Tilsæt nok vand lidt efter lidt til en blød dej. Overfør til en let meldrysset overflade og beklæd med en smurt 20 cm kant. Beklæd med bagepapir (olie) og bønner og sæt i en forvarmet ovn ved 200°C/400°F/Gas 6 i 10 minutter, fjern derefter papiret og bønnerne, reducer ovntemperaturen til 190°C/375°F/ Gas 5 og kog æsken (skal) i yderligere 5 minutter.

Bland samtidig ost, mælk, æggeblommer, honning, appelsinskal, appelsinskal og mel til en jævn masse. Pisk æggehviderne til de er bløde og vend dem derefter i blandingen. Overfør til en sprøjte og drys over abrikoserne. Bag i den forvarmede ovn i 20 minutter, indtil den er sat.

cheesecake med ricotta og abrikoser

Dette giver 23cm/9

100 g/4 oz/½ kop smør eller margarine

225 g/8 oz/2 kopper graham cracker krummer

75 g/3 oz/1/3 kop konditorsukker (meget fint)

5 ml/1 tsk kanelpulver

900 g / 2 lb / 4 kopper ost

30 ml / 2 spsk mel (all-purpose)

2,5 ml/½ tsk vaniljeessens (ekstrakt)

Skal af 1 citron

3 æggeblommer

350 g hakkede abrikoser, delt i to

50 g / 2 oz / ½ kop hakkede mandler

Smelt smørret og tilsæt kiks, 30ml/2 spsk sukker og kanel. Tryk dejen ud i en springform med en diameter på 23/9 cm. Pisk ricottaen med det resterende sukker, mel, vaniljeessens og citronskal i 2 minutter. Tilsæt æggeblommerne lidt efter lidt, indtil du får en homogen blanding. Læg halvdelen af fyldet ovenpå kagebunden. Læg abrikoserne ovenpå fyldet, drys med mandler og hæld resten af fyldet ovenpå. Bages ved 180°C/350°F/Gas 4 i 15 minutter, indtil de er faste at røre ved. Lad det køle af og stil det derefter på køl.

Boston Cheesecake

Dette giver 23cm/9

225 g / 8 oz / 2 kopper almindeligt brødkrummer (cracker)

50 g flormelis (meget fint)

2,5 ml/½ teskefuld kanelpulver

Lidt revet muskatnød

75 g/3 oz/1/3 kop smeltet smør eller margarine

Komplet:

Knæk 4 æg

225 g/8 oz/1 kop strøsukker (meget fint)

250 ml / 8 ml oz / 1 kop tung fløde (mælkekage)

5 ml/1 tsk vaniljeessens (ekstrakt)

30 ml / 2 spsk mel (all-purpose)

En smule salt

450 g/1 lb/2 kopper flødeost

Bland småkagekrummer, sukker, kanel og muskatnød med det smeltede smør og tryk i bunden og siderne af en 9/23 cm springform. Pisk æggeblommerne, indtil du får en tyk, cremet konsistens. Pisk æggehviderne til de danner et stift skum, tilsæt 50 g sukker og pisk videre til skummet er stift og blankt. Bland fløde og vaniljeessens med æggeblommerne, tilsæt resten af sukker, mel og salt, bland forsigtigt osten i, tilsæt derefter æggehviderne, hæld i bunden og sæt i en ovn opvarmet til 160 ºC. /325°F/gasmærke 3 timer til et tryk. Lad afkøle og stil på køl inden servering.

Bagt caribisk ostekage

Dette giver 23cm/9

til basen:

100 g/4 oz/1 kop mel (all-purpose)

25 g/1 oz/¼ kop malede mandler

25 g/1 oz/2 spsk blødt brun farin

50 g smeltet og afkølet smør eller margarine

1 æg

15 ml/1 spsk mælk

Komplet:

75 g rosiner

15-30 ml / 1-2 spsk rom (efter smag)

225 g / 8 oz / 1 kop ricotta (blød ricotta)

50 g smør eller margarine

25 g/1 oz/¼ kop malede mandler

50 g flormelis (meget fint)

2 æg

For at lave bunden skal du blande mel, mandler og brun farin. Pisk smør eller margarine med æg og mælk og ælt til du får en blød dej. Åbn og beklæd bunden af en 23 cm/9 cm springform, prik med en gaffel og bag ved 190°C/375°F/Gas 5 i 10 minutter, indtil den er gylden.

For at forberede fyldet skal du lægge rosinerne i blød i rom, indtil de er tykne. Bland ost, smør, malede mandler og flormelis. Pisk æggene og bland rosiner og rom i efter smag. Hæld i bunden og bag i 10 minutter, indtil de er gyldne og faste at røre ved.

Bagt chokolade cheesecake

Dette giver 23cm/9

til basen:

100 g/4 oz/1 kop honningkager.

15 ml/1 spsk sukker

Smelt 50 g smør

Komplet:

175 g/1½ kopper mørk chokolade (halvsød)

225 g/8 oz/1 kop strøsukker (meget fint)

30 ml/2 spsk kakao (usødet chokolade).

450 g/1 lb/2 kopper flødeost

120 ml / 4 ml oz / ½ kop tung fløde

5 ml/1 tsk vaniljeessens (ekstrakt)

Pisk 4 æg

For at lave bunden skal du blande kiks og sukker med det smeltede smør og trykke i bunden af en smurt 23 cm/9 cm kagedåse (kagedåse). For at lave fyldet, smelt chokoladen med halvdelen af sukker og kakao i en varmefast skål over en gryde med kogende vand. Fjern fra varmen og lad afkøle lidt. Pisk osten indtil hvid, og tilsæt derefter gradvist det resterende sukker, creme fraiche og vaniljeessens, pisk gradvist æggene, hæld chokoladeblandingen i og hæld over den forberedte bund. Bag i ovnen ved 180°C/350°F/Gas 4 i 40 minutter, indtil den er fast at røre ved.

Chokolade cheesecake med valnødder

Dette giver 23cm/9

til basen:

100 g/1 kop graham cracker krummer

100 g/4 oz/½ kop strøsukker (meget fint)

Smelt 50 g smør

Komplet:

175 g/1½ kopper mørk chokolade (halvsød)

50 g flormelis (meget fint)

30 ml/2 spsk kakao (usødet chokolade).

450 g/1 lb/2 kopper flødeost

25 g/1 oz/¼ kop malede mandler

120 ml / 4 ml oz / ½ kop tung fløde

5 ml/1 spsk mandelessens (ekstrakt)

Pisk 4 æg

For at lave bunden blandes kikskrummerne og 100g/1/2 cl sukker med det smeltede smør og lægges i bunden af en smurt 23cm/9cm kageform. For at lave fyldet, smelt chokoladen sammen med sukker og kakao i en varmefast skål over en gryde med kogende vand. Fjern fra varmen og lad afkøle lidt. Pisk osten indtil den bliver hvid, tilsæt derefter gradvist resten af sukkeret, malede mandler, creme fraiche og mandelessens, pisk gradvist æggene, bland chokoladeblandingen i og hæld i den forberedte bund. Bag i ovnen ved 180°C/350°F/Gas 4 i 40 minutter, indtil den er fast at røre ved.

Tysk ostekage

Dette giver 23cm/9

til basen

25 g/1 oz/2 spsk smør eller margarine

225 g/8 oz/2 kopper universalmel

2,5 ml/½ tsk bagepulver

50 g flormelis (meget fint)

1 æggeblomme

15 ml/1 spsk mælk

Komplet:

900 g / 2 lb / 4 kopper ost

225 g/8 oz/1 kop strøsukker (meget fint)

Smelt 50 g smør eller margarine

250 ml/8 ml oz/1 kop tung fløde (tyk)

5 ml/1 tsk vaniljeessens (ekstrakt)

Pisk 4 æg

175 g/6 oz/1 kop sultanas (rosiner)

15 ml/1 spsk majsstivelse (majsmel)

En smule salt

For at lave bunden, gnid smørret eller margarinen med mel og pulver, bland derefter med sukkeret og lav en brønd i midten. Bland blommen med mælken og rør til du får en meget blød dej. Tryk i bunden af en 23cm/9cm firkantet pande.

For at lave fyldet, dræn den overskydende væske fra ricottaen, bland sukker, smeltet smør, fløde og vaniljeessens, tilsæt æggene, bland sultanas med majsmel og salt, indtil det er godt dækket og bland i blandingen. Hæld i bunden og bag ved 230°C/450°F/Gas 8 i 10 minutter. Reducer ovntemperaturen til 190°C/375°F/gasmærke 5 og bag i yderligere en time, indtil de er møre. Lad afkøle i gryden og stil på køl.

Irish Cream Liqueur Cheesecake

Dette giver 23cm/9

til basen:

225 g/8 oz/2 kopper graham cracker krummer

50 g hakkede mandler

100 g/4 oz/½ kop strøsukker (meget fint)

100 g/4 oz/½ kop smeltet smør eller margarine

Komplet:

900 g/2 lb/4 kopper flødeost

225 g/8 oz/1 kop strøsukker (meget fint)

5 ml/1 tsk vaniljeessens (ekstrakt)

175 ml/6 ml oz/¾ kop irsk flødelikør

3 æg

Komplet:

250 ml / 8 ml oz / 1 kop tung fløde (mælkekage)

60 ml/4 spsk Irsk flødelikør

50 g flormelis (meget fint)

For at lave bunden skal du blande kiks, mandler og sukker med det smeltede smør eller margarine og trykke i bunden og siderne af en 23 cm/9 cm springform. Kold.

For at forberede fyldet, pisk flødeosten med sukkeret, indtil det er glat. Tilsæt vaniljeessens og likør. Tilsæt æggene lidt efter lidt. Hæld i bunden og bag ved 180°C/350°F/Gas 4 i 40 minutter.

Til toppingen piskes fløde, likør og sukker, indtil du får en tyk creme. Hæld over cheesecake og fordel jævnt. Sæt cheesecaken tilbage i ovnen i yderligere 5 minutter. Lad afkøle og stil på køl inden servering.

Amerikansk citron- og valnøddecheesecake

Forbered en kage, der måler 20 cm i diameter

til basen:

225 g/8 oz/2 kopper graham cracker krummer

25 g/1 oz/2 spsk strøsukker (meget fint)

5 ml/1 tsk kanelpulver

Smelt 50 g smør eller margarine

Komplet:

2 æg, adskilt

100 g/1/2 kop flormelis

350 g/12 oz/1 ½ kopper fuldfed blød ost

Revet skal og saft af 1 citron

150 ml/¼ pt/2/3 kop tung fløde (tyk)

25 g / 1 oz / ¼ kop hakkede blandede nødder

For at forberede bunden, tilsæt krummer, sukker og kanel til smørret eller margarinen. Beklæd bunden og siderne af en 20 cm kageform (på en bageplade). Kold.

For at forberede fyldet piskes æggeblommerne med sukkeret, indtil de er tykke. Tilsæt ost, citronskal og saft, pisk indtil fløden er inkorporeret og tilsæt blandingen. Pisk æggehviderne stive og tilsæt til blandingen. Hæld i bunden og bag ved 160°C/325°F/Gas 3 i 45 minutter. Drys med valnødder og bag i yderligere 20 minutter. Sluk for ovnen og lad cheesecaken køle af i ovnen, og lad den derefter køle af inden servering.

Orange cheesecake

Dette giver 23cm/9

til basen:

100 g/4 oz/1 kop knuste wafer cookies (cookies)

2,5 ml/½ teskefuld kanelpulver

15 ml/1 skefuld protein

Komplet:

450 g/1 lb/2 kopper ost

225 g/8 oz/1 kop flødeost

75 g/3 oz/1/3 kop konditorsukker (meget fint)

15 ml/1 spsk mel (all-purpose)

30 ml / 2 spsk appelsinjuice

10 ml/2 spsk revet appelsinskal

5 ml/1 tsk vaniljeessens (ekstrakt)

1 stor appelsin, skåret i stykker og fjern hinde

100 g snittede jordbær

For at lave bunden skal du blande vaflerne med fløde og kanel. Pisk æggehviderne stive og bland dem med rasp. Pres blandingen ned i bunden af en 23/9 cm løsbundet kageform. Bages i en forvarmet ovn ved 180°C/350°F/Gas 4 i 10 minutter. Tag ud af ovnen og lad afkøle. Reducer ovntemperaturen til 150°C/300°F/gasmærke 2.

For at forberede fyldet blandes oste, sukker, mel, appelsinjuice, fløde og vaniljeessens, indtil det er glat. Hæld i bunden og bag i 35 minutter til de er gyldne. Lad afkøle og stil på køl indtil klar. Pynt med appelsin og jordbær.

Ricotta cheesecake

Dette giver 23cm/9

til basen:

25 g/1 oz/2 spsk strøsukker (meget fint)

5 ml/1 spsk revet citronskal

100 g/4 oz/1 kop mel (all-purpose)

et par dråber vaniljeessens (ekstrakt)

1 æggeblomme

25 g/1 oz/2 spsk smør eller margarine

Komplet:

750 g/1½ lb/3 kopper ost

225 g/8 oz/1 kop strøsukker (meget fint)

120 ml / 4 ml oz / ½ kop tung fløde (tyk)

45 ml/3 spsk mel (all-purpose)

5 ml/1 tsk vaniljeessens (ekstrakt)

Knæk 5 æg

150 g hindbær eller jordbær

For at lave bunden skal du blande sukker, citronskal og mel, derefter vaniljeessens, æggeblomme og smør eller margarine. Fortsæt med at blande indtil blandingen danner en dej. Hæld halvdelen af dejen i en smurt 9 cm/23 cm kageform og bag ved 200°C/400°F/Gas 6 i 8 minutter. Reducer ovntemperaturen til 180°C/350°F/gasmærke. 4. Lad det køle af og tryk resten af blandingen ud på siderne af gryden.

Dæk med ricotta indtil cremet. Bland sukker, fløde, mel, vaniljeessens og æggeblommer. Pisk æggehviderne stive og tilsæt til blandingen. Hæld sandkagen i og bag i en time. Lad afkøle i gryden og stil på køl til servering med frugt.

Bagt ost og ostedej med creme fraiche

Dette giver 23cm/9

50 g blødgjort smør eller margarine

50 g flormelis (meget fint)

1 æg

350 g/12 oz/3 kopper universalmel

Komplet:

675 g/1½ lb/3 kopper flødeost

15 ml/1 spsk citronsaft

5 ml/1 spsk revet citronskal

175 g/6 oz/¾ kop strøsukker (meget fint)

3 æg

250 ml / 8 ml oz / 1 kop tung fløde (mælkekage)

5 ml/1 tsk vaniljeessens (ekstrakt)

For at lave bunden skal du fløde smør, margarine og sukker, indtil det er blødt og luftigt. Pisk ægget lidt efter lidt og bland det derefter med melet, indtil det danner en pasta (nudler). Fjern fra formen og beklæd en smurt 23cm/9cm form og bag ved 220°C/425°F/Gas 7 i 5 minutter.

For at forberede fyldet blandes flødeost, citronsaft og fløde. Reserver 30 ml/2 spsk sukker og tilsæt resten af osten. Tilsæt æggene lidt efter lidt og hæld blandingen i bunden. Bag i ovnen i 10 minutter, reducer derefter ovntemperaturen til 150°C/300°F/gasmærke 2 og bag i yderligere 30 minutter. Bland creme fraiche, flormelis og vaniljeessens. Hæld over kagen og sæt tilbage i ovnen og bag i yderligere 10 minutter. Lad afkøle og stil på køl inden servering.

Let cheesecake med sultanas

Til 18 cm/7

75 g/3 oz/1/3 kop smeltet smør eller margarine

100 g/1 kop havregryn

50 g/2 oz/1/3 kop sultanas (rosiner)

Komplet:

50 g blødgjort smør eller margarine

250 g / 9 oz / 1 generøs kop ost

2 æg

25 g / 3 spsk sultanas (rosiner)

25 g/1 oz/¼ kop malede mandler

Saft og skal af 1 citron

45 ml/3 spsk naturyoghurt

Bland smør eller margarine, havre og sultanas. Tryk i bunden af en smurt form med en diameter på 18 cm/7 cm og bag ved 180°C/350°F/gas 4 i 10 minutter. Bland ingredienserne til fyldet og hæld over bunden. Bages i yderligere 45 minutter. Lad gryden køle af, før du fjerner den.

Letbagt vanilje cheesecake

Dette giver 23cm/9

175 g / 6 oz / 1½ kopper graham cracker krummer

225 g/8 oz/1 kop strøsukker (meget fint)

5 æggehvider

Smelt 50 g smør eller margarine

225 g/8 oz/1 kop flødeost

225 g/8 oz/1 kop ost

120 ml / 4 ml oz / ½ kop mælk

30 ml / 2 spsk mel (all-purpose)

5 ml/1 tsk vaniljeessens (ekstrakt)

En smule salt

Tilsæt kikskrummerne og 50 g/2 oz/¼ kop sukker. Lys æggehviderne og tilsæt til smør eller margarine, og vend derefter kagekrummeblandingen i. Tryk ind i bunden og siderne af en 9 cm/23 cm springform, og lad den stivne.

Pisk flødeost og ricotta til fyldet, tilsæt derefter det resterende sukker, mælk, mel, vaniljeessens og salt, pisk de resterende æggehvider stive og vend derefter i blandingen. Hæld i bunden og bag i en forvarmet ovn ved 180°C/350°F/gas i 4 timer, indtil den er fast i midten. Lad gryden køle af i 30 minutter, før den tages ud på en rist for at afslutte afkølingen. Opbevares i køleskabet indtil servering.

Ostekage bagt med hvid chokolade

Til 18 cm/7

225 g / 8 oz / 2 kopper smeltede chokoladekager (halvsøde) (Graham cracker) krummer

Smelt 50 g smør eller margarine

300 g/11 oz/2¾ kopper hvid chokolade

400 g/1¾ kop flødeost

150 ml/¼ pt/2/3 kop fløde (mælkekage)

Pisk 2 æg

5 ml/1 tsk vaniljeessens (ekstrakt)

Bland småkagekrummerne med smør eller margarine og tryk let ned i bunden af en 7-tommer pande. Hvid chokolade i en skål placeret over en skål med kogende vand. Tag af varmen og bland ost, fløde, æg og vaniljeessens, fordel blandingen på bunden og jævn overfladen. Bag i ovnen ved 160°C/325°F/Gas 3 i 1 time, indtil den er fast at røre ved. Lad det køle af i gryden.

Cheesecake med hvid chokolade og hasselnødder

Dette giver 23cm/9

225 g/8 oz chokoladevafler (småkager)

100 g/1 kop malede hasselnødder

30 ml / 2 spsk blødt brun farin

5 ml/1 tsk kanelpulver

225 g/8 oz/1 kop smør eller margarine

450g/1lb/4 kopper hvid chokolade

900 g/2 lb/4 kopper flødeost

4 æg

1 æggeblomme

5 ml/1 tsk vaniljeessens (ekstrakt)

Knus eller knus småkagerne og bland med hasselnøddehalvdelene, sukker og kanel. Sæt 45 ml/3 spsk af gærblandingen til side. Smelt 90 ml/6 spiseskefulde smør eller margarine og bland med den resterende vaffelblanding. Tryk ned i bunden og siderne af en smurt 9/23 cm gryde og lad det køle af, mens du laver fyldet.

Smelt chokoladen i en varmefast skål over en gryde med kogende vand. Fjern fra varmen og lad afkøle lidt. Pisk osten let og luftig. Tilsæt æg og æggeblommer lidt efter lidt, tilsæt derefter resten af smørret og smeltet chokolade, tilsæt resten af vaniljeessensen og hasselnødder og pisk til en jævn masse. Hæld fyldet over ostemassebunden. Bages i en forvarmet ovn ved 150°C/300°F/Gas 2 i 1¼ time. Læg hasselnøddekiks og vaffelblandingen ovenpå og bag i yderligere 15 minutter. Lad afkøle og stil på køl inden servering.

Hvid chokolade ostevaffel

Dette giver 23cm/9

225 g/8 oz chokoladevafler (småkager)

30 ml/2 spsk rørsukker (meget fint)

5 ml/1 tsk kanelpulver

225 g/8 oz/1 kop smør eller margarine

450g/1lb/4 kopper hvid chokolade

900 g/2 lb/4 kopper flødeost

4 æg

1 æggeblomme

5 ml/1 tsk vaniljeessens (ekstrakt)

Kværn eller knus småkagerne og bland dem med sukker og kanel. Sæt 45 ml/3 spsk af gærblandingen til side. Smelt 90 ml/6 spiseskefulde smør eller margarine og bland med den resterende vaffelblanding. Tryk bunden og siderne af en smurt 9/23 cm springform ned i en løsbundet gryde (pladeform) og stil på køl.

For at lave fyldet, smelt chokoladen i en varmefast skål over en gryde med kogende vand. Fjern fra varmen og lad afkøle lidt. Pisk osten let og luftig. Hæld gradvist æg og æggeblomme i, tilsæt derefter resten af smørret og den smeltede chokolade, tilsæt vaniljeessens og pisk til en jævn masse. Hæld fyldet over ostemassebunden. Bages i en forvarmet ovn ved 150°C/300°F/Gas 2 i 1¼ time. Dæk med den reserverede vaffelblanding og bag i yderligere 15 minutter. Lad afkøle og stil på køl inden servering.

DANIER

Sandkage (basisdej) er den korteste skorpe (pasta) og kan bruges til alle typer anvendelser, hovedsageligt kager og tærter. Typisk 200°C/400°F/gasniveau 6.

Til 350 g/12 oz

225 g/8 oz/2 kopper universalmel

2,5 ml / ½ tsk salt

50 g/2 oz/¼ kop spæk (forkortet)

50 g/2 oz/½ kop smør eller margarine

30-45 ml/2-3 spsk koldt vand

Bland mel og salt i en skål og pisk spæk og smør eller margarine i for at lave brødkrummer. Hæld vandet jævnt over blandingen og bland med en rund kniv, indtil dejen begynder at danne store klumper. Tryk forsigtigt med fingrene til en lille kugle af dej. Ælt på en let meldrysset overflade, indtil den er glat, men overanstreng ikke. Pak den ind i plastfolie og stil den på køl i 30 minutter før brug.

Pasta med olivenolie

Ligesom sandkage (normal sandkage) er den mere skrøbelig og bør bruges umiddelbart efter tilberedning. Typisk 200°C/400°F/gasniveau 6.

Til 350 g/12 oz

75 ml/5 spsk olie

65 ml/2½ fl oz/4½ spsk koldt vand

225 g/8 oz/2 kopper universalmel

En smule salt

Bland olie og vand i en skål, indtil det er blandet. Tilsæt gradvist mel og salt, bland med en rund kniv, indtil der dannes en dej. Læg på en let meldrysset overflade og ælt forsigtigt, indtil den er glat. Pak den ind i plastfolie og stil den på køl i 30 minutter før brug.

Rig cupcake

Det bruges i kager og søde retter, fordi det er rigere end melasseskorpe (basisskorpe). Typisk 200°C/400°F/gasniveau 6.

Til 350 g/12 oz

150 g/5 oz/1¼ kop universalmel

En smule salt

75 g/3 oz/1/3 kop usaltet smør eller margarine (sød)

1 æggeblomme

10 ml/2 spsk strøsukker (meget fint)

45-60 ml/3-4 spsk koldt vand

Bland mel og salt i en skål og fordel smør eller margarine i rasperne. Pisk æggeblommer, sukker og 10 ml/2 spsk vand i en lille skål, brug derefter en rund kniv til at folde melet i, og tilsæt nok vand til at lave en blød dej. Lav en kugle, læg den på en meldrysset overflade og ælt forsigtigt til du får en jævn dej. Pak den ind i plastfolie og stil den på køl i 30 minutter før brug.

Amerikansk kiks

En klæbrig pasta, der giver en friskere finish, er ideel til at ledsage frugt. Typisk 200°C/400°F/gasniveau 6.

Til 350 g/12 oz

175 g/6 oz/¾ kop blødgjort smør eller margarine

225 g/8 oz/2 kopper selvhævende mel (selvhævende)

2,5 ml / ½ tsk salt

45 ml/3 spsk koldt vand

Pisk smør eller margarine, indtil det er blødt. Tilsæt mel, salt og vand lidt efter lidt og ælt til du får en elastisk dej. Dæk med plastfolie og stil på køl i 30 minutter. Rul ud mellem let meldryssede plader bagepapir.

pasta med ost

Gurkemejekage (nudler) til fremstilling af tærter eller salte snacks. Typisk 200°C/400°F/gasniveau 6.

Til 350 g/12 oz

100 g/4 oz/1 kop mel (all-purpose)

En smule salt

Lille cayennepeber

50 g smør eller margarine

50 g revet cheddarost

1 æggeblomme

30 ml / 2 spsk koldt vand

Bland mel, salt og cayennepeber i en skål og fordel smørret eller margarinen i rasperne. Bland osten, derefter æggeblommen og nok vand til at lave en stiv dej. Overfør til en let meldrysset overflade og ælt forsigtigt, indtil ingredienserne er blandet. Pak den ind i plastfolie og stil den på køl i 30 minutter før brug.

choux kage

Let pasta (nudler), som er tre gange større end rå pasta, når de koges. Ideel til kager og cremet slik. Typisk 200°C/400°F/gasniveau 6.

Til 350 g/12 oz

50 g usaltet smør (sødt)

150 ml/¼ pt./2/3 kop lige dele mælk og vand, blandet

75 g/3 oz/1/3 kop mel (all-purpose)

Pisk 2 æg

Smelt smørret med mælk og vand i en gryde ved svag varme. Bring i kog og tag af varmen. Hæld alt melet i og bland indtil blandingen kommer væk fra skålens sider. Lad det køle lidt af. Tilsæt gradvist æggene, et ad gangen, indtil du får en glat, skinnende blanding.

Kage med smør

Smørdej (pasta) bruges til at lave delikate desserter, såsom flødeboller. Dette bør kun gøres under kølige forhold. Typisk 220°C/425°F/gas mærke 7.

450 g/pr. 1 pund

225 g/8 oz/2 kopper universalmel

2. 5 ml/½ teskefuld salt

75 g/3 oz/1/3 kop spæk (afkortning)

75 g/3 oz/1/3 kop smør eller margarine

5 ml/1 tsk citronsaft

100 ml / 3 ½ fl oz / 6 ½ spsk isvand

Bland mel og salt i en skål. Pisk fedt og smør eller margarine, form bøffen og skær den i kvarte. Gnid en fjerdedel af fedtstoffet ind i melet, indtil det danner brødkrummer. Tilsæt citronsaft og nok vand til at lave en jævn dej med en rund kniv. Dæk med plastfolie og lad afkøle i 20 minutter.

Rul den let meldrysede dej ud til en tykkelse på 5 mm/¼. Skær endnu en fjerdedel af fedtet af og gennembor to tredjedele af dejen, så der er plads rundt om kanterne. Fold en tredjedel af den smørsmurte dej i panderne, og fold derefter den smørsmurte tredjedel. Tryk fingrene rundt om alle sømmene for at forsegle. Dæk med plastfolie og lad afkøle i 20 minutter.

Rul dejen ud på overfladen, så sømmen er på retsiden. Åbn som før og drys med en tredjedel af fedtet. Fold, forsegl og stil på køl som før.

Rul dejen ud på overfladen, så sømmen er i venstre side. Åbn som før og pensl det sidste kvarter med fedt. Fold, forsegl og stil på køl som før.

Rul dejen ud til ¼/5 mm tykkelse og vend den om. Dæk med plastfolie og lad afkøle i 20 minutter før brug.

Rulning

Svovlpasta (kage) bør øges seks gange i størrelse efter bagning og kan bruges i alle typer lette kager, der kræver luftig dej. Det er normalt ristet ved 230°C/450°F/Gas 8.

450 g/pr. 1 pund

225 g/8 oz/2 kopper universalmel

5 ml / 1 tsk salt

225 g/8 oz/1 kop smør eller margarine

2,5 ml/½ tsk citronsaft

150 ml/¼ pt/2/3 kop isvand

Bland mel og salt i en skål. Skær 50 g/¼ kop smør eller margarine i stykker og gnid ind i melet, indtil blandingen ligner brødkrummer. Tilsæt citronsaft og vand og bland med en rund kniv, indtil du får en jævn dej. Læg dejen på en let meldrysset overflade og ælt forsigtigt til den er glat. Form en kugle og skær et dybt kryds i midten, skær cirka tre fjerdedele af dejen (nudler) af. Åbn lågene og rul dejen ud, så midten er tykkere end kanterne. Læg det resterende smør eller margarine i midten af dejen, fold arkene, så de dækker, og forsegl kanterne. Rul dejen ud til et rektangel på 40 x 20 cm/16 x 8 cm, pas på ikke at spilde smørret. Fold den nederste tredjedel af dejen på midten og fold derefter den øverste tredjedel. Tryk kanterne sammen og vend dejen en kvart omgang. Dæk med plastfolie og lad afkøle i 20 minutter. Gentag rulning, foldning og nedkøling i alt 6 gange. Dæk med plastfolie og lad afkøle i 30 minutter før brug.

Tæt frugt

Nemmere at lave end en kage (pasta), med en let konsistens er den bedre varm end kold. Typisk 220°C/425°F/gas mærke 7.

450 g/pr. 1 pund

225 g/8 oz/2 kopper universalmel

5 ml / 1 tsk salt

175 g/6 oz/¾ kop smør eller margarine, koldt og i tern

5 ml/1 tsk citronsaft

150 ml/¼ pt/2/3 kop isvand

Brug en rund kniv til at blande alle ingredienserne, indtil du får en jævn dej. Kom lidt mel på din arbejdsflade og rul det forsigtigt til et rektangel på ca. 30 x 10 cm / 12 x 4,2 cm / ¾ tykt. Fold den nederste tredjedel af dejen på midten og derefter den øverste tredjedel ned. Vend kagelaget, så det er på venstre side, og forsegl kanterne med fingeren. Rul et lidt større rektangel ud ca 1/2 cm tykt. Fold jævnt i tredjedele, forsegl kanterne og vend dejen en kvart omgang. Dæk med plastfolie og lad afkøle i 20 minutter. Gentag denne proces med at rulle, folde og vride i alt fire gange og afkøle hinanden. Pak ind i aluminiumsfolie og lad afkøle i 20 minutter før brug.

Sukkerpaté

En tynd, sød dej (nudler) med en smeltende konsistens, ideel til crepes (skorper). Persienner betjenes normalt ved 180°C/350°F/Gas 4.

Til 350 g/12 oz

100 g/4 oz/1 kop mel (all-purpose)

En smule salt

50 g blødgjort smør eller margarine

50 g flormelis (meget fint)

2 æggeblommer

Sigt mel og salt ud på et koldt bord og lav en brønd i midten. Læg smør eller margarine, sukker og æggeblommer i midten og ælt, tilsæt melet lidt efter lidt, indtil du får en glat dej, der er blød med fingerspidserne. Dæk med plastfolie (papir) og stil på køl i 30 minutter før brug.

Choux flødekugler

fra 16

50 g usaltet smør (sødt)

150 ml/¼ pt./2/3 kop lige dele mælk og vand, blandet

75 g/3 oz/1/3 kop mel (all-purpose)

2 sammenpisket æg

150 ml/¼ pt/2/3 kop tung fløde (tyk)

Sigtet creme til drys (til kagen).

Smelt smørret med mælk og vand i en gryde og bring det i kog. Fjern fra varmen, tilsæt alt melet og rør rundt, indtil blandingen kommer væk fra siderne af gryden. Tilsæt æggene lidt efter lidt, indtil du får en homogen blanding. Læg eller læg dejen på en fugtig bageplade (til kiks) og bag ved 200°C/400°F/Gas 6 i 20 minutter, afhængig af størrelse, indtil den er gyldenbrun. Lav en slids i siden af hver kage, så dampen kan slippe ud, og lad den køle af på en rist. Pisk fløden stiv og hæld i midten af cremen. Server drysset med flormelis.

Mandarin blomst

fra 16

Til dejen (nudler):

50 g / 2 oz / ¼ kop smør

150 ml / ¼ pt. / 2/3 kop vand

75 g/3 oz/¾ kop universal mel (all-purpose)

2 sammenpisket æg

Komplet:

300 ml/½ kop/1¼ kop tung fløde

75 g / 3 oz / ¾ kop revet cheddarost

10ml/2 spsk appelsinlikør

300 g/11 oz/1 medium mandarin, drænet

Smelt smør og vand i en gryde og bring det i kog. Fjern fra varmen, tilsæt alt melet og rør rundt, indtil blandingen kommer væk fra siderne af gryden. Tilsæt æggene lidt efter lidt, indtil de er inkorporeret. Flyt dejen eller skeen over på en fugtig bageplade (til kiks) og bag ved 200°C/400°F/Gas 6 i 20 minutter, afhængigt af størrelsen, indtil den er gyldenbrun. Lav en slids i siden af hver kage, så dampen kan slippe ud, og lad den køle af på en rist.

Pisk halvdelen af fløden stiv, tilsæt derefter flødeost og likør, hæld over flødekagerne og pres et par mandariner på hver enkelt. Flyt cremepuderne over på et stort fad og server med den resterende creme.

Chokolade eclairs

gør 10

225 g/8 oz butterdej

Komplet:

150 ml/¼ pt/2/3 kop tung fløde (tyk)

5 ml/1 spsk rørsukker (meget fint)

5 ml/1 spsk pulveriseret sukker (til bagning)

et par dråber vaniljeessens (ekstrakt)

Til saucen:

2 oz/50 g/½ kop mørk chokolade (halvsød)

15 g/1 spsk smør eller margarine

20 ml/4 spiseskefulde vand

25 g/3 spsk flormelis (konfekture)

Overfør dejen til en sprøjtepose med en spids på 2 cm/¾ diameter og form 10 jævnt fordelte portioner på en smurt bageplade. Bages i en forvarmet ovn ved 190°C/375°F/Gas 5 i 30 minutter, indtil éclairerne er godt hævede og gyldenbrune. Læg den på en rist og skær den ene side af, så dampen kan slippe ud. Lad afkøle.

For at forberede fyldet piskes fløden med sukker og vaniljeessens. Hæld over eclairs.

For at lave saucen skal du smelte chokolade, smør, margarine og vand i en lille gryde og stille over svag varme under konstant omrøring. Knus flormelis og fordel det over overfladen af eclairen.

Butterkager med fløde

lave 20

225 g/8 oz butterdej

Komplet:

150 ml/¼ pt/2/3 kop tung fløde (tyk)

5 ml/1 spsk rørsukker (meget fint)

5 ml/1 spsk pulveriseret sukker (til bagning)

et par dråber vaniljeessens (ekstrakt)

Til saucen:

50 g/2 oz/½ kop hakket mørk (halvsød) chokolade

25 g/1 oz/2 spsk strøsukker (meget fint)

300 ml/½ point 1¼ kop mælk

15 ml/1 spsk majsstivelse (majsmel)

et par dråber vaniljeessens (ekstrakt)

Læg dejen i en sprøjtepose med en 2 cm/¾ almindelig dyse og form cirka 20 kugler med mellemrum i en smurt form. Bag i ovnen ved 190°C/375°F/Gas 5 i 25 minutter, indtil profiterolerne er godt hævede og gyldenbrune. Stil dem op og vent på, at hver enkelt slipper dampen ud. Lad afkøle.

For at forberede fyldet piskes fløden med sukker og vaniljeessens. Hæld i overskud. Læg dem i en høj bunke på en tallerken.

For at lave saucen, læg chokoladen og sukkeret i en skål med 15 ml/1 spsk mælk. Bland den reserverede mælk med majsstivelsen. Opvarm mælk, chokolade og sukker ved svag varme, indtil chokoladen smelter, rør af og til. Tilsæt majsmel og bring det i kog. Kog under omrøring i 3 minutter. Tilsæt vaniljeessens. Afdryp i en varm skål. Hæld den varme sauce over profiterolerne eller lad den køle af og dryp over kiksene.

Småkager med mandler og ferskner

Dette giver 23cm/9

Kiksekage 250 g/12 oz

225 g/8 oz/2 kopper malede mandler

175 g/6 oz/¾ kop strøsukker (meget fint)

2 æg

5 ml/1 tsk citronsaft

15 ml / 1 spsk Amaretto

450 g røde ferskner, skåret i halve

Yderligere granuleret sukker (meget fint) til drys

50 g / 2 oz / ½ kop hakkede mandler

Rul dejen ud på en meldrysset overflade til cirka to rektangler. 5 mm/¼ tyk. Placer en på en fugtig (kage)bakke. Bland de malede mandler, sukker, æg, citronsaft og Amaretto og bland indtil du får en pasta. Rul dejen ud til et rektangel af samme størrelse og læg dejen ovenpå. Læg de udskårne ferskner på den ene side i mandelblandingen. Skil det resterende æg ad og pensl kagens kanter med lidt pisket æggeblomme. Fold det resterende rektangel af dejen i to på langs. Klip hver 1 cm fra slidserne til 1 cm fra den modsatte kant. Løsn folien og læg oven på fersknerne, tryk godt på kanterne for at forsegle. Skær kanterne af med en kniv. Stil på køl i 30 minutter. Pensl med den resterende piskede æggeblomme og bag ved 220°C/425°F/Gas 7 i 20 minutter, indtil den er stivnet. Pensl med æggehvide, drys med flormelis og drys med malede mandler. Sæt tilbage i ovnen i yderligere 10 minutter, indtil den er gylden.

Små cider

af 6

Kiksekage 225 g/8 oz

1 stort æble (til dessert)

15 ml/1 spsk citronsaft

30 ml/2 spsk abrikosmarmelade (fra en krukke), drænet (silet)

15 ml/1 spsk vand

Rul dejen ud og skær den i 13 cm/5 firkanter. Lav fire 5 cm/2 slidser langs de diagonale linjer på kagefirkanterne, fra kant til kant. Fugt midten af firkanterne og tryk en prik fra hvert hjørne ind i midten for at skabe en vindmølle. Skræl æblet, fjern kernerne og skær det i tynde skiver, drys med citronsaft. Læg æbleskiverne i midten af cirklerne og bag dem ved 220°C/425°F/Gas 7 i 10 minutter, indtil de er gyldne. Varm geléen op med vandet, indtil den er godt blandet, og skyl derefter æbler og glasurpasta. Lad afkøle.

Cremede desserter

gør 10

450g/1lb butterdej eller butterdej

1 æggeblomme

15 ml/1 spsk mælk

300 ml/½ kop/1¼ kop tung fløde

50 g/1/3 kop strøsukker (til wienerbrød), sigtet, plus mere til tørring

Rul dejen til et rektangel, der måler 50 x 30 cm/20 x 12, klip kanterne til og skær 2,5 cm/1 på langs. Bland æggeblommen med mælken og pensl dejen godt med blandingen, pas på at ægget ikke når bunden af dejen eller klæber til ramekinerne. Tegn en metalhjørnespiral på hver strimmel, der overlapper kanterne på kagestrimlerne. Pensl igen med æggeblomme og mælk og læg på hovedet på en tallerken (til småkager). Bages i en forvarmet ovn ved 200°C/400°F/Gas 6 i 15 minutter, indtil de er gyldenbrune. Lad det køle af i 3 minutter og fjern derefter formene fra den stadig varme dej. Lad afkøle. Pisk fløden med flormelis stiv og hæld over koglerne.

Feuilleté

af 6

Kiksekage 225 g/8 oz

100 gram hindbær

120 ml / 4 ml oz / ½ kop tung fløde (tyk)

60 ml/4 spsk flormelis (til bagning)

Et par dråber vand

Et par dråber rød madfarve

Rul dejen ud på en let meldrysset overflade til ¼/5 mm tykkelse og skær kanterne ud i et rektangel. Anbring på en usmurt bageplade (til kiks) og bag i en forvarmet ovn ved 220°C / 425°F / gasmærke 7 i 10 minutter, indtil de er gyldne og godt brune. Lad afkøle.

Skær kagen vandret i to lag. Vask, tør og tør frugten godt. Pisk fløden stiv. Åbn det nederste lag af kagen, læg frugterne på det og læg det øverste lag af kagen. Kom flormelis i en skål og tilsæt gradvist nok vand til at lave en tyk glasur. Fordel det meste af cremen på kagen. Farv den resterende creme med lidt madfarve, tilsæt lidt flormelis, hvis den er for mørk. Fordel strimler af smør over den hvide frosting og gennembor dem med en tandstikker for at skabe en fjereffekt. Server straks.

Småkager fyldt med ricotta

fra 16

350 g/12 oz butterdej

1 æggehvide

10 ml/2 spsk strøsukker (meget fint)

Komplet:

150 ml/¼ pt/2/3 dobbelt kop (tung) eller flødeskum

100 g / 4 oz / ½ kop ost

30 ml/2 spsk rørsukker (meget fint)

45 ml/3 spiseskefulde formalet blanding

Flormelis (slik) til tørring

Fordel dejen (nudler) tyndt på en meldrysset overflade og skær i fire cirkler på 18 cm i diameter. Skær hver cirkel i kvarte, læg den på en let smurt bageplade og stil den på køl i 30 minutter.

Pisk æggehviderne til skum, tilsæt derefter sukkeret, smør dejen og bag i 10 minutter til de er gyldne. Læg dem på en metalrist og klip trekanter, hvorfra fyldet vil blive frigjort, og lad dem køle af.

For at forberede fyldet piskes fløden til den er stiv. Blødgør ricottaen i en skål og tilsæt fløde, sukker og frugt. Smag til eller fyld tærterne og server straks drysset med flormelis.

Jordnøddepust

fra 18

200 g hakkede valnødder

75 g/3 oz/1/3 kop konditorsukker (meget fint)

30 ml/2 spsk anislikør eller Pernod

25 g/1 oz/2 spsk blødgjort smør eller margarine

450 g småkagedej

1 sammenpisket æg

Bland nødder, sukker, spiritus og smør eller margarine. Rul dejen (nudler) ud på en let meldrysset overflade til et 60 x 30 cm/24 x 12 rektangel (eller du kan rulle halvdelen af dejen ad gangen). Skær i 18 firkanter og del nøddeblandingen mellem firkanterne. Pensl kanterne af firkanterne med sammenpisket æg, fold dem til en pølseform og luk, sy og rul kanterne sammen som dej. Læg dem på en bageplade smurt med smør (til kiks) og pensl med sammenpisket æg. Bages i ovnen ved 230°C/450°F/Gas 8 i 10 minutter, indtil de er gyldne. Spis varmt på forberedelsesdagen.

dansk wienerbrød

450 g/pr. 1 pund

450 g/1 lb/4 kopper fuldkornshvedemel (all-purpose)

5 ml / 1 tsk salt

25 g/1 oz/2 spsk strøsukker (meget fint)

5 ml/1 tsk kardemomme nedenfor

50 g frisk gær eller 75 ml/5 spsk tørgær

250 ml/8 ml oz/1 kop mælk

1 sammenpisket æg

300 g/10 oz/1¼ kop skiveskåret smør

Sigt mel, salt, sukker og kardemomme i en skål. Pisk gæren med lidt mælk og tilsæt melet med resten af mælken og æg. Bland dejen og ælt til den er glat og blank.

Rul dejen (nudler) ud på en let meldrysset overflade til et rektangel på ca. 56 x 30 cm / 22 x 12,1/2 cm tykt. Læg smørskiverne i den midterste tredjedel af dejen, så der er plads rundt om kanterne. Fold en tredjedel af dejen over for at dække med smør, og fold derefter den resterende tredjedel over. Tryk enderne ned med fingerspidserne og stil i køleskabet i 15 minutter. Åbn igen til samme størrelse, del i tre dele og stil på køl i 15 minutter. Gentag processen endnu en gang. Kom dejen i en meldrysset plastikpose og lad den hvile i 15 minutter inden brug.

Dansk kringle

8 værdier

50 g frisk gær

50 g / 2 oz / ¼ kop pulveriseret sukker

450 g/1 lb/4 kopper fuldkornshvedemel (all-purpose)

250 ml/8 ml oz/1 kop mælk

1 æg

200 g/7 oz/kop 1 kop koldt smør i terninger

Komplet:

100 g/1 kop malede mandler

100 g/4 oz/½ kop smør eller margarine

100 g/4 oz/½ kop strøsukker (meget fint)

Pisket æg til topping

25 g blancherede mandler, hakkede groft

15 ml/1 spsk demerara sukker

Bland gæren med sukkeret. Hæld melet i en skål. Pisk mælk og æg stift og tilsæt melet sammen med gæren. Ælt dejen, dæk til og lad den stå et koldt sted i en time. Rul dejen ud til 56 x 30 cm/22 x 12 tommer. Læg smørret i den midterste tredjedel af dejen, undgå kanterne. Fold en tredjedel af dejen med smørret, fold derefter den anden tredjedel og tryk kanterne sammen. Lad afkøle i 15 minutter. Åbn, bræk og lad afkøle tre gange mere.

Bland resten af ingredienserne, undtagen æg, mandler og sukker, til det er glat.

Rul dejen til en lang strimmel ca 1/8/3 mm tyk og 10 cm bred. Fordel fyldet på midten, fugt kanterne og pres fyldet over. Form kringlerne på en smurt bageplade og lad dem stå et lunt sted i 15 minutter. Pensl toppen med sammenpisket æg og drys med

blancherede mandler og demerarasukker. Bag i ovnen ved
230C/450F/Gas 8 i 15-20 minutter, indtil de er gyldenbrune.

Dansk Konditorfletning

fra 16

Et halvt parti dansk slik

1 sammenpisket æg

25 g/3 spsk rosiner

frosting

Del dejen i seks lige store dele og form en lang cirkel. Fugt enderne af rullerne og klem dem i tre dele, flet dem derefter i hele længden, lim enderne. Skær i 10 cm/4 cm stykker og læg på en bakke (småkager). Placer et lunt sted i 15 minutter. Pensl toppen med sammenpisket æg og drys med rosiner. Bages i en forvarmet ovn ved 230°C/450°F/Gas 8 i 10-15 minutter, indtil de er gyldenbrune. Lad afkøle og dæk med is.

Mandelkage

fra den 24

450 g/1 lb/2 kopper strøsukker (meget fint)

450 g/1 lb/4 kopper malede mandler

Pisk 6 æg

5 ml/1 tsk vaniljeessens (ekstrakt)

75 g/3 oz/¾ kop pinjekerner

Bland sukker, malede mandler, æg og vaniljeessens til det er godt blandet. Smør en 30 x 23 cm/12 x 9 kageform og drys med rasp og drys med pinjekerner. Bag i en forvarmet ovn ved 180°C/350°F/Gas 4 i 1,5 time, indtil den er gylden og fast at røre ved. Skær dem i firkanter.

Kagebund med svampe

Lav en 23 cm/9 skal

2 æg

200 g/7 oz/1 kop strøsukker (meget fint)

5 ml/1 tsk vaniljeessens (ekstrakt)

150 g/5 oz/1¼ kop universalmel

5 ml/1 tsk bagepulver

En smule salt

120 ml / 4 ml oz / ½ kop mælk

50 g smør eller margarine

Pisk æg, sukker og vaniljeessens og tilsæt derefter mel, bagepulver og salt. Kog mælk og smør eller margarine i en gryde, hæld i dejen og bland godt. Hæld i en smurt 23 cm/9 cm form (bageplade) og bag ved 180°C/350°F/Gas 4 i 30 minutter, indtil de er let brunede. Grillpande.

Mandelkage

Lav en kage med en diameter på 20 cm

175 g/6 oz butterdej

Komplet:

50 g blødgjort smør eller margarine

2 sammenpisket æg

50 g / ½ kop selvhævende mel (selvhævende)

75 g/3 oz/¾ kop malede mandler

Et par dråber mandelessens (ekstrakt)

45 ml/3 spsk appelsinjuice

400 g/1 stor dåse veldrænede ferskner eller abrikoser

15 ml/1 spsk malede mandler

Hæld dejen (nudler) og kom i en smurt 20 cm diameter form. Prik bunden med en gaffel. Pisk smør eller margarine og æg til det er glat. Tilsæt gradvist mel, malede mandler, mandelekstrakt og appelsinjuice. Blend ferskerne eller abrikoserne i en foodprocessor eller gå gennem en sigte. Fordel puréen over dejen og hæld mandelblandingen over. Drys med hakkede mandler og bag ved 190°C/375°F/Gas 5 i 40 minutter, indtil de er bløde.

Århundredeskage med æbler og appelsiner

Til 18 cm/7

Til dejen (nudler):

100 g/4 oz/1 kop mel (all-purpose)

25 g/1 oz/2 spsk strøsukker (meget fint)

50 g smør eller margarine

1 æggeblomme

Komplet:

75 g/3 oz/1/3 kop blødgjort smør eller margarine

75 g/3 oz/1/3 kop konditorsukker (meget fint)

4 æggeblommer

25 g/3 spsk blandet fløde (sødet), hakket

Skræl af en stor appelsin

1 som et æble (sødt).

For at lave sandkagen, bland mel og sukker i en skål og pensl med smør eller margarine, indtil det danner brødkrummer. Tilsæt æggeblommerne og kog forsigtigt, indtil du får en pasta. Pak den ind i plastfolie og stil den på køl i 30 minutter før brug. Rul mørdejen ud og læg den på en smurt kant med en diameter på 18/7 cm.

For at lave fyldet, pisk smør, margarine og sukker, indtil det er lyst og luftigt, bland derefter æggeblommer, revet ost og appelsinskal i og hæld over pastaen. Skræl æblet, fjern kernerne, riv det og fordel det i gryden. Bag i ovnen ved 180°C/350°F/Gas 4 i 30 minutter.

Tysk æbletærte

Lav en kage med en diameter på 20 cm

Til dejen (nudler):

100 g/1 kop selvhævende mel (selvhævende)

50 g/2 oz/¼ kop blødt brun farin

25 g/1 oz/¼ kop malede mandler

75 g/3 oz/1/3 kop smør eller margarine

5 ml/1 tsk citronsaft

1 æggeblomme

Komplet:

450 g kogte æbler (pasta), skrællet, udkernet og skåret i skiver

75 g/3 oz/1/3 kop blødt brun farin

Skal af 1 citron

5 ml/1 tsk citronsaft

Komplet:

50 g smør eller margarine

50 g/2 oz/½ kop mel (all-purpose)

5 ml/1 tsk kanelpulver

150 g/5 oz/2/3 kop blødt brun farin

For at lave dejen, bland mel, sukker og mandler, derefter smør eller margarine, indtil du får brødkrummer. Bland citronsaft og æggeblomme. Tryk i bunden af en smurt 20 cm diameter gryde. Bland ingredienserne til fyldet og fordel på bunden. For at lave toppingen, fordel smørret eller margarinen i mel og kanel, bland derefter med sukkeret og fordel fyldet ovenpå. Bages i ovnen ved 180°C/350°F/gas i 4 timer 1, indtil de er gyldenbrune.

Æblekage med honning

Lav en kage med en diameter på 20 cm

Til dejen (nudler):

75 g/3 oz/1/3 kop smør eller margarine

175 g/6 oz/1½ kopper fuldkornshvedemel (fuldkorn)

En smule salt

5 ml/1 spsk ren honning

1 æggeblomme

30 ml / 2 spsk koldt vand

Komplet:

900 g kogte æbler (pasta)

30 ml/2 spsk vand

75 ml/5 spsk ren honning

Revet skal og saft af 1 citron

25 g/1 oz/2 spsk smør eller margarine

2,5 ml/½ teskefuld kanelpulver

2 spiseæbler (søde)

For at lave dejen, bland mel og salt med smør eller margarine, indtil du får brødkrummer. Tilsæt honning. Pisk æggeblommen med lidt vand og tilsæt det til blandingen, tilsæt eventuelt vand til en jævn dej. Pak ind i papir (plast) og stil på køl i 30 minutter.

For at forberede fyldet skal du skrælle de kogte æbler, fjerne kernehuset og skære dem i skiver og koge dem i vand, indtil de er bløde. Tilsæt 45 ml/3 spsk honning, citronskal, smør eller margarine og kanel og kog uden låg, indtil det er pureret. Lad afkøle.

Læg dejen på en let meldrysset overflade og brug en ring på 20 cm i diameter til at dække den. Gennembor alt med en gaffel, dæk med bagepapir (voks) og fyld med bønner. Bages i en forvarmet ovn ved 200°C/400°F/Gas 6 i 10 minutter. Fjern folien og bønnerne. Reducer ovntemperaturen til 190°C/375°F/gasmærke 5. Læg æblemosen i en pose. Skræl de uskrællede æbler og skær dem i tynde skiver. Læg i jævne lag ovenpå rivejernet. Bag i den forvarmede ovn i 30 minutter, indtil æblerne er bløde og let brunede.

Kom den resterende honning i en gryde med citronsaft og varm forsigtigt op, indtil honningen smelter. Hæld den kogte topping over toppen.

Æble- og hakket kødkage

Til 18 cm/7

175 g/6 oz butterdej

1 mellemstor æble (tærte), skrællet, skåret i skiver og revet

175 g/6 oz/½ kop hakket oksekød

150 ml/¼ pt/2/3 kop tung fløde (tyk)

25 g/1 oz/¼ kop hakkede og ristede mandler

Fordel dejen (pastaen) og læg den i en kageform med en diameter på 18 cm/7. Skær alt med en gaffel. Bland æblet med hakket kød og fordel på bunden. Bag i ovnen ved 200°C/400°F/Gas 6 i 15 minutter. Reducer ovntemperaturen til 160°C/325°F/Gas 3 og bag i yderligere 10 minutter. Lad afkøle. Pisk fløden, fordel den over grydens overflade, drys med mandler og server med det samme.

Tærte med æbler og sultanas

Lav en kage med en diameter på 20 cm

100 g/4 oz/½ kop smør eller margarine

225 g/8 oz/2 kopper fuldkornshvedemel (fuld hvede)

30 ml / 2 spsk koldt vand

450 g kogte æbler (pasta), skrællet, udkernet og skåret i skiver

15 ml/1 spsk citronsaft

50 g/2 oz/1/3 kop sultanas (rosiner)

50 g/2 oz/¼ kop blødt brun farin

Gnid smørret eller margarinen ind i melet, indtil det danner brødkrummer. Tilsæt nok koldt vand til at lave en pasta (nudler). Fjern formen og brug en 20 cm kant med smurt bagepapir. Dyp æblerne i citronsaft og kom dem i gryden. Drys rosiner og sukker ovenpå. Rul resten af mørdejen ud og læg risten over fyldet. Bag i ovnen ved 190°C/375°F/Gas 5 i 30 minutter.

Abrikos- og kokosmarengskage

8 værdier

Knæk 4 æg

100 g/4 oz/½ kop blødgjort smør eller margarine

175 g / 3 oz / 1/3 kop ren honning

225 g/8 oz/2 kopper fuldkornshvedemel (fuld hvede)

En smule salt

450 g friske abrikoser, halveret og skåret (udstenet)

100 g/4 oz/½ kop strøsukker (meget fint)

175 g/6 oz/1½ kopper revet kokosnød (revet)

Pisk æggeblommer, smør, margarine og honning til en jævn masse. Bland mel og salt til det er glat og ensartet. Rul dejen (nudler) ud på en let meldrysset overflade til en tykkelse på ca. 1/2 cm og fordel ud (kiks). Top med abrikoshalvdele, skærsiden nedad, og bag i en forvarmet ovn ved 200°C/400°C/Gas 6 i 15 minutter.

Pisk æggehviderne stive. Tilsæt halvdelen af sukkeret og fortsæt med at piske til det er stift og blankt. Tilsæt det resterende sukker og kokosflager, fordel marengsen over abrikoserne og bag i yderligere 30 minutter, indtil de er let gylden. Skær i firkanter, mens de stadig er varme.

Bakewell kage

Til 18 cm/7

Til dejen (nudler):

50 g smør eller margarine

100 g/4 oz/1 kop mel (all-purpose)

30 ml/2 spsk vand

Komplet:

100 g/1/3 kop jordbærsyltetøj (fra en krukke)

50 g blødgjort smør eller margarine

50 g flormelis (meget fint)

1 let pisket æg

Et par dråber mandelessens (ekstrakt)

25 g/1 oz/¼ kop selvhævende mel (selvhævende)

25 g/3 spsk malede mandler

50 g / 2 oz / ½ kop hakkede mandler

For at lave dejen skal du gnide smør eller margarine med mel, indtil det bliver til brødkrummer. Bland nok vand til at lave en pasta. Tag den ud af gryden og beklæd en smurt gryde med en diameter på 18/7 cm. Smøres med marmelade. For at forberede fyldet, pisk smør, margarine og sukker, pisk derefter æg og mandelessens, tilsæt mel og malede mandler. Hæld marmeladen ovenpå og jævn overfladen. Drys med ristede mandler. Bages i en forvarmet ovn ved 190°C/375°F/Gas 5 i 20 minutter.

www.ingramcontent.com/pod-product-compliance
Lightning Source LLC
Chambersburg PA
CBHW071903110526
44591CB00011B/1532